TRUCS E

LES SEINS

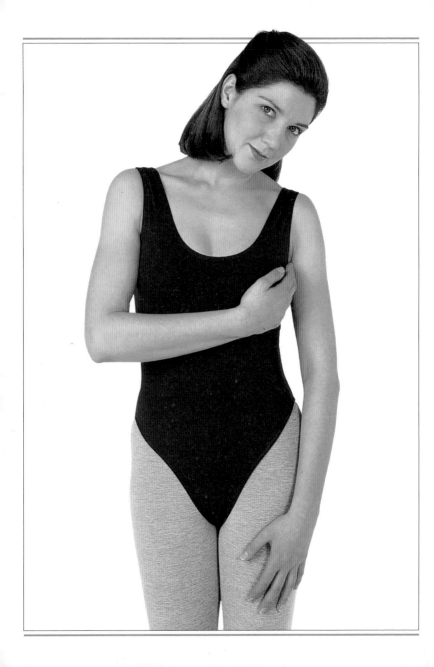

TRUCS ET CONSEILS
101

LES SEINS

Dr Myriam Stoppard

Éditions du Trécarré

UN LIVRE DE DORLING KINDERSLEY

Première édition en Grande-Bretagne en 1998
par Dorling Kindersley
9 Henrietta Street, Londres

© Dorling Kindersley Limited

Traduction : Cécile Giroldi
Adaptation : Anette Knapen

ISBN 2-89249-712-4

Dépôt légal – 1998
Bibliothèque nationale du Québec

Imprimé en Italie

Éditions du Trécarré
Saint-Laurent (Québec) Canada

TRUCS ET CONSEILS
101

INDEX

Qu'est-ce que les Seins ?

1 LE CORPS FÉMININ

La forme et la taille du corps varient d'une femme à l'autre. Il est cependant possible de distinguer trois grands types de morphologies : endomorphe (silhouette en forme de pomme), mésomorphe (silhouette en forme de poire) et ectomorphe (silhouette longiligne). Chaque corps se rapproche de l'un de ces trois types, mais ses grandes lignes, y compris le contour des seins, peuvent être modifiées par un régime équilibrée et un peu d'exercice.

UN BEAU CORPS
*Les canons de la beauté féminine varient d'une culture à l'autre.
Dans certains pays, les silhouettes rondes, aux formes généreuses, sont très prisées ; ailleurs on apprécie plutôt les silhouettes sveltes et athlétiques.*

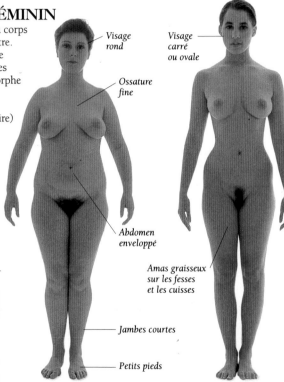

Visage rond

Ossature fine

Abdomen enveloppé

Jambes courtes

Petits pieds

Visage carré ou ovale

Amas graisseux sur les fesses et les cuisses

TYPE ENDOMORPHE
La taille de la poitrine est supérieure à la moyenne. Ce type prend du poids rapidement.

TYPE MÉSOMORPHE
Les jambes sont aussi longues que le torse. Les hanches sont plus larges que les épaules, et la poitrine est de taille moyenne.

Dans les années 50, les stars d'Hollywood, comme Marilyn Monroe, exhibaient une poitrine opulente, soulignée par une taille de guêpe et des hanches généreuses.

2 LA POSITION DES SEINS

Les seins se situent sur la paroi antérieure du thorax, en avant des muscles pectoraux. Ils s'étendent de la deuxième à la sixième côte, et du sternum au creux axillaire, d'une côte à l'autre de la cage thoracique. Les seins sont entourés de tissu adipeuxsauf au niveau des aisselles et des muscles du thorax.

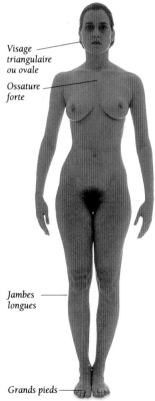

Visage triangulaire ou ovale

Ossature forte

Jambes longues

Grands pieds

TYPE ECTOMORPHE
Les jambes sont plus longues que le torse. La poitrine peut être petite. Le poids est uniforme et assez stable.

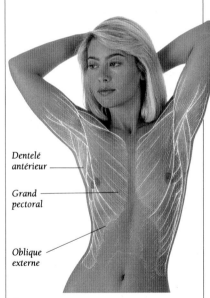

Dentelé antérieur

Grand pectoral

Oblique externe

À PROXIMITÉ DES MUSCLES
Le sein n'a pas de muscles propres, il est fixé à la peau et voisine avec trois muscles importants du torse : le grand pectoral, l'oblique externe et les peauciers du cou.

3 L'ANATOMIE DU SEIN

Les seins sont à l'origine des glandes sudoripares très largement modifiées, qui ont la particularité de sécréter du lait. Ils sont composés de plusieurs lobes de glandes sécrétrices de lait avec leurs canaux (dits galactophores), le tout étant enrobé dans du tissu conjonctif qui soutient la glande mammaire. Les lobes se subdivisent en lobules. Près du mamelon, les canaux galactophores présentent une dilatation appelée ampoule.

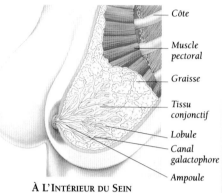

Côte

Muscle pectoral

Graisse

Tissu conjonctif

Lobule

Canal galactophore

Ampoule

À L'INTÉRIEUR DU SEIN
Le tissu glandulaire, partie fonctionnelle du sein, est protégé par de la graisse. C'est la quantité de graisse qui détermine la taille et la forme du sein. Avec l'âge, le pourcentage de graisse augmente au détriment du tissu glandulaire.

Artère axillaire   Ramifications de l'artère mammaire interne

4 LA VASCULARISATION

Les artères conduisent le sang chargé d'oxygène du cœur à la paroi thoracique et aux seins, tandis que les veines ramènent le sang désoxygéné vers le cœur. L'artère axillaire part de l'aisselle pour irriguer la partie externe des seins, tandis que l'artère mammaire interne part du cou et irrigue la partie interne des seins. Les veines ramènent le sang jusqu'au cœur en passant par l'aisselle et les espaces intercostaux, puis des veines plus profondes le véhiculent à l'intérieur du thorax. Un réseau de veines est également relié à la veine jugulaire externe et draine le sang jusqu'au cœur.

ARTÈRES ET VEINES
Les seins sont irrigués par les artères. Le sang désoxygéné retourne au cœur par les veines.

5 LE MAMELON ET L'ARÉOLE

Le mamelon peut être plat, rond, conique ou cylindrique. Sa couleur est déterminée par l'épaisseur et la pigmentation de la peau : rosée chez les blondes, brun clair, noir foncé chez les brunes. Le mamelon est plus pâle chez les femmes qui n'ont pas eu d'enfants. Il peut être tendre ou ferme, selon la tonicité de ses fibres musculaires.
La zone sombre qui entoure le mamelon est l'aréole.

MAMELON PLAT   MAMELON EN ÉRECTION

Pilosité
Canal galactophore
Muscle aréolaire
Tubercule de Montgomery
Glande sébacée

◁ **COUPE TRANSVERSALE**
Le mamelon et l'aréole contiennent des glandes sudoripares, des follicules pileux et des glandes sébacées. Ces dernières sécrètent une substance lubrifiante appelée sébum.

◁ **STIMULATION DU MAMELON**
Le mamelon est entouré de petits muscles. Sous l'effet du froid, des caresses ou de l'excitation sexuelle, ses fibres musculaires se contractent : le mamelon se durcit, se tend.

L'ARÉOLE
La peau de l'aréole est très fine. Elle présente de petites protubérances connues sous le nom de tubercules de Montgomery.

6 LE RÔLE DU SEIN

Éléments auxiliaires des principaux organes de reproduction, les seins sécrètent le lait nécessaire à l'alimentation du nourrisson et jouent un rôle sexuel important. Les seins masculins ont une structure identique à ceux des femmes, et leurs mamelons sont tout aussi sensibles. Au moment de la puberté, un léger déséquilibre hormonal peut entraîner la formation de petits seins chez le garçon.

LES SEINS CHEZ L'HOMME ÂGÉ
Il peut y avoir formation de véritables seins chez l'homme âgé, lorsque la sécrétion de testostérone, hormone masculine, devient plus faible que la sécrétion d'œstrogènes, hormone féminine.

LE DÉVELOPPEMENT DE LA POITRINE

7 DANS L'UTÉRUS

Les seins se développent très tôt chez l'embryon. Au bout de six semaines, la peau s'épaissit, formant ce que l'on appelle des crêtes mammaires ou crêtes lactées. Au bout de cinq mois, celles-ci s'étendent des aisselles à l'aine, puis disparaissent en laissant deux bourgeons mammaires sur la partie supérieure du thorax. Chez la fille, des colonnes de cellules vont se développer avant la naissance à l'intérieur de chaque bourgeon pour former des glandes sudoripares ainsi que des canaux galactophores convergeant vers le mamelon.

CARREFOUR HORMONAL
Au tout début, les seins se développent de la même manière chez les deux sexes. Ce sont des facteurs hormonaux qui expliquent l'évolution différente des seins chez les hommes et chez les femmes.

LE LONG DE LA CRÊTE MAMMAIRE
Des bourgeons mammaires résiduels ou des seins embryonnaires peuvent persister à l'âge adulte sur la crête mammaire. En de très rares cas, les bourgeons disparaissent avec la crête, d'où l'absence de mamelons à la naissance.

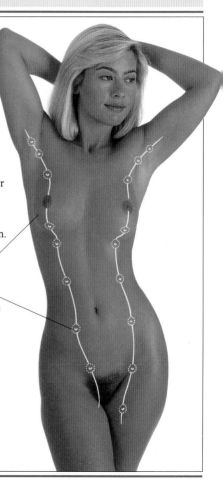

Emplacement habituel des seins

Des bourgeons supplémentaires peuvent apparaître le long de la crête mammaire.

8 L'ACTIVITÉ HORMONALE

Chez la femme, les seins sont soumis perpétuellement à des variations hormonales, qui entraînent la modification de leur taille et de leur forme, notamment au moment de la puberté et lors des cycles menstruels. Pendant la période prémenstruelle, certaines femmes ont les seins tendus et douloureux en raison de ces changements. L'activité hormonale diminue après la ménopause.

LE CYCLE MENSTRUEL
Avant la ménopause, les œstrogènes et la progestérone sont actifs durant tout le cycle. La progestérone disparaît dès le début de la ménopause, et la production d'œstrogènes diminue progressivement.

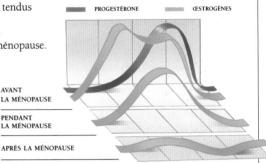

PROGESTÉRONE   ŒSTROGÈNES

AVANT LA MÉNOPAUSE

PENDANT LA MÉNOPAUSE

APRÈS LA MÉNOPAUSE

ATTENTION, HORMONES !
Les seins contiennent des millions de cellules qui sont de véritables récepteurs hormonaux. Leur sensibilité varie d'une femme à l'autre.

9 LA PUBERTÉ

À l'âge de 10-11 ans, la poitrine commence à prendre forme. La production ovarienne d'œstrogènes s'accompagne d'une augmentation de la graisse contenue dans le tissu conjonctif des seins, ce qui entraîne un accroissement du volume de ces derniers. Les canaux galactophores commencent à se développer, mais le mécanisme qui permet la lactation ne se met en place qu'avant le moment de la grossesse.

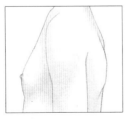

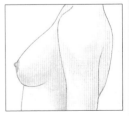

1 Avant la puberté, les seins sont plats. Seuls les mamelons sortent de l'aréole.

2 Au début de la puberté, l'aréole s'élargit et se pigmente. Les seins apparaissent.

3 Les tissus glandulaire et adipeux augmentent. Le mamelon englobe l'aréole, qui s'aplatit.

10 LA POITRINE DE LA FEMME ADULTE

Les glandes sécrétrices situées à l'extrémité des canaux galactophores se développent à la puberté au fur et à mesure de leur croissance, leurs lobes sont séparés du tissu conjonctif et de la graisse. Cette structure élastique permet l'augmentation du volume des seins au moment de la grossesse, lorsque les organes glandulaires se mettent à gonfler. Les seins atteignent leur pleine maturité lors de la grossesse et de l'allaitement (*voir p. 30-35*).

Le volume des seins augmente pendant la grossesse.

11 PENDANT LES RÈGLES

Les glandes mammaires, plus volumineuses juste avant les règles, peuvent devenir granuleuses et sensibles.

Chaque mois, une femme féconde subit des variations hormonales qui sont liées au cycle menstruel. Juste avant les règles, ces modifications peuvent se manifester par une augmentation du volume des seins et une sensation de tension. Les mamelons peuvent alors devenir sensibles, voire douloureux.

Durant la première partie du cycle, les ovaires sécrètent des œstrogènes.

Au milieu du cycle, la proportion croissante d'œstrogènes entraîne l'ovulation.

La progestérone est sécrétée durant la seconde partie du cycle.

POUR APAISER LA DOULEUR
Vous pouvez diminuer la tension et la douleur qui surviennent parfois quelques jours avant les règles en appliquant de l'huile d'onagre sur vos seins. En cas d'échec, sachez qu'il existe d'autres traitements (voir p. 45).

12 PENDANT ET APRÈS LA MÉNOPAUSE

Au moment de la ménopause, la production d'œstrogènes diminue. Cette baisse hormonale affecte tous les tissus du corps, dont celui des seins. Peu à peu, la poitrine s'affaisse et s'aplatit. Il arrive également que les seins soient tendus et douloureux – essayez de remédier à cet inconvénient en les enduisant chaque soir d'huile d'onagre. Chez certaines femmes, la ménopause peut également entraîner une augmentation considérable du volume et du poids de la poitrine.

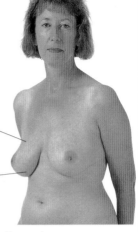

Les seins commencent à s'affaisser.

Tissu glandulaire

APRÈS LA MÉNOPAUSE
Malgré les modifications physiques qui ont lieu à ce moment de la vie d'une femme, les seins sont toujours sensibles à une stimulation sexuelle ou autre.

LA PERTE DE FERMETÉ
Chez la plupart des femmes ménopausées, la production d'œstrogènes diminue, entraînant une perte de tissu glandulaire. Les seins deviennent alors moins fermes et s'affaissent.

13 LA POITRINE DE LA FEMME ÂGÉE

Avec l'âge, le corps montre généralement des signes de fatigue, mais les seins ne subissent pas de grands changements après la ménopause. Ils ne sont pas plus susceptibles qu'auparavant d'être atteints par la maladie, surtout si vous envisagez la vieillesse avec sérénité et continuez à mener une vie saine et active.

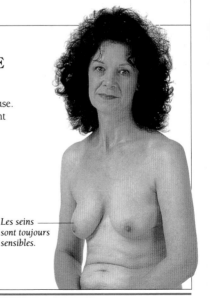

RESTER EN FORME
Aimer la vie, avoir des activités intéressantes, faire du sport, jouir de la sensualité de son corps. Voilà des attitudes positives même après 60 ans.

Les seins sont toujours sensibles.

LA POITRINE ET LE SOUTIEN-GORGE

14 UNE POITRINE « NORMALE » !

Face à l'image de la poitrine idéale véhiculée par les médias – c'est-à-dire une poitrine haute, lisse, ronde et ferme –, beaucoup de femmes pensent que leurs seins ne sont pas conformes à la norme. En fait, toutes les poitrines sont capables de sécréter du lait – c'est là leur rôle essentiel –, et sont donc « normales » indépendamment de leur taille ou de leur forme. En revanche, il est très important de se sentir à l'aise et d'avoir des seins convenablement soutenus.

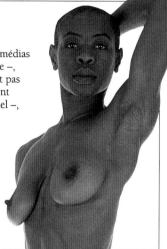

LE TYPE PHYSIQUE
La forme des seins n'est pas dictée par le type morphologique (voir p. 8).

LA POITRINE « IDÉALE »
Oubliez les images standard des médias : toutes les poitrines sont « normales ».

15 L'ASYMÉTRIE

Les seins sont rarement parfaitement symétriques. Chez la plupart des femmes, l'asymétrie est très légère. Si, toutefois, elle vous dérange, vous pouvez recourir à la chirurgie esthétique. L'intervention permettra de réduire le volume du sein le plus gros ou de donner plus d'ampleur au sein le plus petit (*voir p. 69*).

UNE DIFFÉRENCE SENSIBLE
Il arrive qu'un sein soit beaucoup plus gros et plus bas que l'autre – un défaut que l'on peut facilement corriger.

16 LES POITRINES PETITES OU PLATES

C'est en mesurant le tour du thorax et le volume des seins que l'on peut déterminer leur taille. Le fait d'avoir une poitrine plate ou petite ne doit pas vous tourmenter : il n'y a là rien d'anormal. Vous êtes parfaitement capable d'allaiter comme les autres femmes, et vos seins prendront du volume pendant la grossesse et la période de lactation.

LES SEINS DE LA JEUNE FILLE
Chez la jeune fille vierge, les seins sont souvent petits et haut placés. Avec l'âge, la poitrine s'affaisse et perd de sa fermeté.

DES PETITS SEINS
Ils sont souvent en forme de pomme. Ils sont hauts par rapport au thorax.

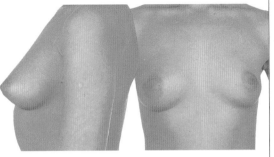

TOUR DU THORAX MOYEN − BONNETS PEU PROFONDS

17 LES GROSSES POITRINES

À la puberté, certaines jeunes filles sont extrêmement sensibles à la sécrétion d'œstrogènes, même en très faibles quantités : leurs seins grossissent et s'alourdissent rapidement. S'ils sont correctement soutenus, cela ne doit pas causer de problème. Cependant, si vous êtes gênée par la taille ou le poids de vos seins, vous pouvez envisager une réduction mammaire (*voir p. 67*).

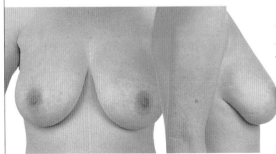

DES GROS SEINS
Les gros seins sont généralement lourds. Ils reposent contre la paroi thoracique.

LA FORME CHANGE
Pendant et après la grossesse, les seins peuvent s'affaisser légèrement.

LARGE TOUR DU THORAX - BONNETS
DE PROFONDEUR MAXIMALE

18 LA DENSITÉ DES SEINS

Avec l'âge, le tissu glandulaire de la poitrine perd de sa densité. C'est la raison pour laquelle une mammographie se révèle plus efficace que les autres techniques de dépistage pour les femmes d'un certain âge.

En effet, chez les femmes plus jeunes, la densité du tissu glandulaire masque toute ombre suspecte. Pour détecter un cancer, il est alors possible d'utiliser d'autres moyens de dépistage, comme l'échographie.

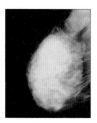
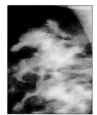
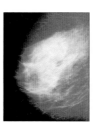
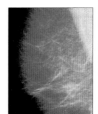

AVANT 30 ANS
Seul le tissu glandulaire (la zone claire) est bien visible.

ENTRE 30 ET 40 ANS
On voit des taches plus sombres de tissu adipeux autour des zones claires.

VERS 45 ANS
La densité du tissu glandulaire diminue progressivement.

PLUS DE 55 ANS
Le tissu glandulaire forme un réseau fin au-dessus des zones sombres.

19 POURQUOI PORTER UN SOUTIEN-GORGE ?

Le soutien-gorge maintient les seins sans les comprimer, ni marquer les épaules et le dos. Le bon modèle est celui dans lequel vous vous sentez à l'aise. Il doit mettre en valeur votre silhouette et, avec l'âge, empêcher votre poitrine de s'affaisser. En fait, porter un soutien-gorge est la meilleure chose que vous puissiez faire pour vos seins. Vous devez commencer à l'adolescence dès que votre poitrine s'alourdit. Portez toujours un soutien-gorge lorsque vous faites du sport.

ÊTRE À L'AISE
Si vos seins sont gonflés et tendus pendant la seconde partie de votre cycle, portez un soutien-gorge sans armature pour être plus à l'aise.

SÉANCE SPORTIVE
Si vous ne portez pas de soutien-gorge, lorsque vous faites du sport, les ligaments qui soutiennent votre poitrine peuvent perdre de leur élasticité.

20 LES DEUX MESURES CLÉS

Prenez la mesure de votre thorax, puis votre tour de poitrine. Ajoutez de 10 à 12 cm à la première mesure pour obtenir la taille de votre soutien-gorge. Déduisez la première mesure de la seconde pour obtenir la profondeur des bonnets.

QUELLE TAILLE DE BONNET ?
Si la différence entre les deux mesures est de 12 cm, prenez un bonnet de taille A ; si elle est de 15 cm, un bonnet de taille B ; si elle est de 18 cm, un bonnet de taille C.

MESURE DU THORAX

MESURE DU TOUR DE POITRINE

21 LES TYPES DE SOUTIENS-GORGE

Parmi les soutiens-gorge à armature, il y a les modèles pigeonnants et les moulés (qui modifient l'apparence de la poitrine), les bustiers, les dos nus, les soutiens-gorge à balconnets (qui se portent sous des robes de soirée, par exemple). Dans la vie de tous les jours, les soutiens-gorge sans armature sont plus adaptés et confortables à porter. Il existe également des soutiens-gorge d'allaitement et des modèles de sport.

△ SOUTIEN-GORGE PIGEONNANT

△ SOUTIEN-GORGE DE SPORT

△ SOUTIEN-GORGE À ARMATURE

UNE VIE SAINE

22 UN RÉGIME ALIMENTAIRE ÉQUILIBRÉ

Pour rester en bonne santé et en forme, vous devrez essayer d'avoir une alimentation variée, en utilisant le plus souvent possible les produits de saison. Composez des menus sans négliger aucun des cinq grands groupes d'aliments : pain, autres produits à base de céréales ; fruits ; légumes ; viande rouge, volaille, poisson, œufs, aliments contenant des protéines végétales, comme les haricots secs ; produits laitiers.

LES FRUITS FRAIS
On trouve désormais dans le commerce des fruits frais tout au long de l'année. Certains constituent d'excellentes sources de fibres et de vitamines, en particulier vitamines A, C et le bétacarotène, qui facilite la régénération des cellules.

LES LÉGUMES
En mangeant chaque jour des légumes, cuits ou crus, vous faites votre plein de vitamines, de sels minéraux et de fibres.

LES PROTÉINES
Elles permettent de fabriquer de nouvelles cellules et de maintenir tous les tissus en bonne santé. On les trouve non seulement dans les viandes maigres, mais également dans le poisson, les œufs, les légumes secs, comme les haricots et les lentilles, et les produits laitiers.

23 LA CONSOMMATION D'ALCOOL

Boire de l'alcool avec modération n'est pas dangereux – il semble même qu'un verre de vin rouge puisse avoir des effets bénéfiques sur la santé. Gardez cependant bien à l'esprit que l'alcool peut induire une dépendance et qu'une consommation excessive peut avoir des conséquences graves sur le foie, le cœur et le cerveau.

LES LIMITES À RESPECTER

La dose à ne pas dépasser est assez relative. On peut au mieux s'en tenir aux consignes du Comité national de défense contre l'alcoolisme : les femmes pourraient boire jusqu'à deux verres de vin, soit 25 cl, de vin par jour, ou bien deux flûtes de champagne ; les hommes jusqu'à trois verres d'alcool par jour.

SPIRITUEUX   VIN   BIÈRE

24 LE TABAC

On sait en général que la consommation de tabac peut être à l'origine de cancers du poumon, de la gorge, de la vessie et de maladies cardiaques. En revanche, peu d'entre nous savent que le tabac peut provoquer des maladies du sein. Les études montrent que des complications liées à l'ectasie, comme les abcès, les fistules (abcès ouverts et purulents) et les mastites sont plus fréquentes chez les femmes qui fument. Il n'est jamais trop tard pour arrêter de fumer. Une telle décision aura immédiatement des effets bénéfiques sur votre état général. Il est particulièrement important qu'une femme enceinte arrête de fumer, car les fumeuses risquent davantage de faire une fausse couche ou d'avoir un enfant mort-né, prématuré ou de faible poids.

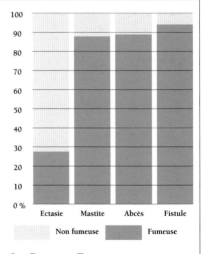

LES EFFETS DU TABAC

Le pourcentage de femmes souffrant de pathologies liées à l'ectasie est très important parmi la population féminine qui consomme du tabac.

25 QUELQUES EXERCICES

Ne négligez pas la gymnastique. Pour rester en forme, vous pouvez essayer l'aérobic, faire des exercices de musculation et d'étirement, ainsi que de la natation.

Regardez droit devant vous.

1 △ Pour muscler les bras et les épaules, commencez par lever tout d'abord vos mains à hauteur des épaules.

AVEC DES HALTÈRES
Ces deux exercices effectués à l'aide d'haltères vous permettront d'améliorer votre force et votre forme physique. Alternez un jour sur deux avec des exercices d'aérobic.

Gardez le dos droit.

2 △ En gardant le dos et la tête bien droits, levez lentement vos bras au-dessus de la tête, puis baissez-les. Répétez l'exercice.

Ne serrez pas trop les poids.

1 △ Pour tonifier vos muscles pectoraux et donc le haut de la poitrine, joignez les mains au niveau du menton.

Les coudes forment presque un angle droit.

2 △ Écartez les mains en les maintenant à la hauteur du menton, puis joignez les mains à nouveau. Répétez.

Étirez vos bras au maximum.

QUELQUES ÉTIREMENTS
Cet exercice vous permet de vous étirer et donc de prévenir les douleurs musculaires. Vous pourrez ainsi vous relaxer et évacuer les tensions. Effectuez cet exercice le matin en un mouvement continu.

1 ◁ Accroupissez-vous en étirant les bras devant vous, paumes tournées vers l'extérieur.

Paumes tournées vers l'extérieur

Tournez les paumes vers l'avant.

2 ◁ Maintenez la position du haut du corps et tendez les jambes progressivement.

Genoux légèrement tendus

SÉQUENCE D'AÉROBIC
On parle d'aérobie car les muscles dépensent l'oxygène dès qu'ils le reçoivent. La danse, le tennis, le vélo et la gym en salle sont des exercices d'aérobic. Pratiquez-les pendant 10-20 minutes, au moins trois fois par semaine.

3 ▷ Dressez-vous sur la pointe des pieds et tendez les bras au-dessus de votre tête en vous étirant, le haut du corps bien droit. Accroupissez-vous lentement et reprenez l'exercice depuis le début.

Dressez-vous sur la pointe des pieds.

23

26 Les techniques de relaxation

Pour éliminer le stress et rester en forme, il faut envisager des séances régulières de relaxation. Il existe une vaste gamme de techniques allant de simples exercices de respiration au yoga et à la méditation. La plupart des méthodes sont faciles à assimiler et à pratiquer à domicile. Les techniques complexes comme le yoga nécessitent des cours d'initiation.

Haussez les Épaules
En raison du stress, les muscles de votre cou et de vos épaules sont souvent tendus et douloureux. Cet exercice simple permet de les détendre. Inspirez profondément en haussant les épaules, expirez en les relâchant.

1 Haussez les épaules à l'extrême en contractant les muscles. Maintenez cette position pendant quelques secondes.

2 Relâchez progressivement jusqu'à ce que les épaules retrouvent leur position habituelle. Répétez l'exercice.

Contractez et Relâchez ▽
Allongez-vous sur le dos, les genoux pliés, les pieds posés sur une chaise ou sur le sol. Contractez et relâchez, tour à tour, chaque groupe de muscles en partant des pieds. Inspirez en les contractant et expirez en les relâchant.

Commencez par les pieds.

Respirez profondément et régulièrement.

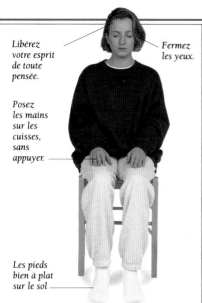

Libérez votre esprit de toute pensée.

Fermez les yeux.

Posez les mains sur les cuisses, sans appuyer.

Les pieds bien à plat sur le sol

LA MÉDITATION △
La relaxation mentale contribue à votre bien-être physique. Concentrez-vous sur un mot, une phrase ou un simple objet. « Faire le vide » est un bon moyen de vous détendre et de libérer votre esprit de tous les soucis.

LE YOGA ▽
Certains types de yoga mettent l'accent sur les exercices corporels, d'autres sur la méditation, mais tous vous apporteront plus de souplesse et de calme. La pratique du yoga implique la connaissance de postures de relaxation et le contrôle de la respiration. Vous devez donc vous inscrire à un cours pour débutants.

27 LE STRESS

Votre attitude face aux décisions à prendre lors des grands changements qui ont lieu dans votre vie affecte votre état général. Pour rester en bonne santé, essayez de voir les choses, y compris les bouleversements, de manière positive et évitez de succomber au stress.

■ Contrôlez votre poids.
■ Faites de l'exercice.
■ Si vous venez d'avoir un bébé, choisissez l'allaitement maternel.
■ Essayez, si possible, d'adopter un sevrage progressif.

VIE PROFESSIONNELLE ET VIE PRIVÉE
Aujourd'hui, beaucoup de femmes ont leur premier enfant après l'âge de 30 ans. Les études, le travail, le manque de ressources retardent la création d'une famille. Cette évolution peut augmenter les risques de cancer du sein.

LES SEINS ET L'AMOUR

28 LES ZONES ÉROGÈNES

Certaines parties du corps sont particulièrement sensibles aux stimulations sexuelles. Ces zones dites érogènes sont plus nombreuses chez la femme que chez l'homme, car le toucher éveille chez elle plus de sensualité que les facteurs visuels et psychologiques. Les zones érogènes réagissent différemment, selon le type de caresses et leur intensité.

AUTRES ZONES SENSIBLES
Les oreilles, les paupières, l'intérieur des cuisses, le cou et les pieds peuvent aussi être des zones érogènes, mais leur sensibilité varie beaucoup d'une femme à l'autre.

LES TYPES DE ZONES ÉROGÈNES
Les zones érogènes sont classées en fonction de leur réceptivité en zones primaires, secondaires ou tertiaires. Les zones érogènes primaires de la femme sont les organes génitaux externes, les lèvres, les fesses et les seins.

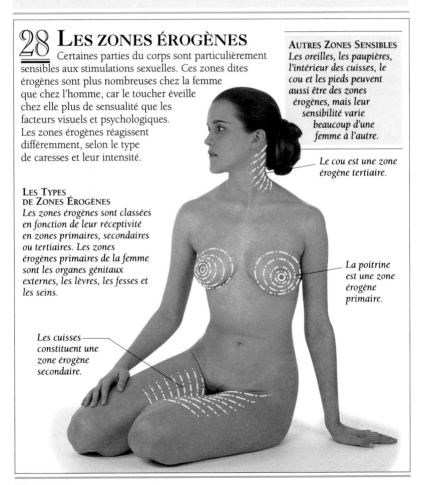

Le cou est une zone érogène tertiaire.

La poitrine est une zone érogène primaire.

Les cuisses constituent une zone érogène secondaire.

29 L'INNERVATION DES SEINS

Les nerfs transmettent au cerveau les signaux liés au toucher, à la douleur et à la température. Chaque sein possède un riche réseau nerveux, ce qui explique l'extrême sensibilité de l'aréole et du mamelon. Les seins comprennent également des nerfs appartenant au système nerveux autonome, lequel régit les fonctions qui échappent au contrôle conscient. C'est peut-être la raison pour laquelle la stimulation du mamelon contribue à provoquer l'excitation sexuelle et l'orgasme.

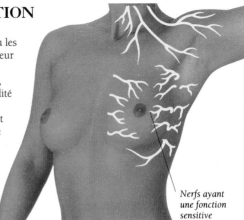

Nerfs ayant une fonction sensitive

LES NERFS RENDENT LE MAMELON TRÈS SENSIBLE.

30 L'ÉROTISME DES SEINS

Les seins font partie des zones érogènes primaires de la femme. Ils sont donc sensibles aux caresses durant l'excitation sexuelle : leur volume peut ainsi augmenter de 25 %, les mamelons entrent en érection, et les aréoles prennent une teinte plus sombre. Chez de nombreuses femmes, la dilatation des vaisseaux sanguins provoque l'accroissement du flux sanguin, d'où l'apparition de rougeurs sur le haut du corps, notamment sur le buste. C'est le « rougissement sexuel ».

L'ÉRECTION DU MAMELON
Les petites fibres musculaires du mamelon se contractent : ce dernier augmente alors en longueur et en diamètre. Même les mamelons rentrés (voir p. 48) réagissent un peu à la stimulation sexuelle.

31 UNE POITRINE SENSUELLE

Vous pouvez prendre conscience du potentiel sensuel de vos seins en touchant vous-même votre poitrine. Détendez-vous, respirez profondément et commencez à caresser vos seins avec la main et le bout des doigts. Fermez les yeux et concentrez-vous sur les sensations que vous procure l'exploration de chacun des seins.

Concentrez-vous sur un sein à la fois.

Touchez votre sein avec le bout des doigts.

LA PALETTE DES SENSATIONS
Chaque femme réagit à sa façon aux caresses. Essayez de toucher vos seins de différentes manières pour trouver celle qui vous convient le mieux.

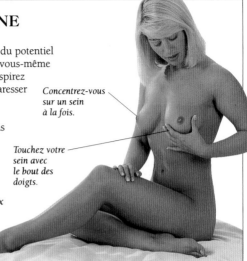

32 L'AUTOSTIMULATION

Beaucoup de femmes goûtent aux plaisirs de la masturbation, auxquels peut contribuer la stimulation des seins. Commencez par toucher vos seins et, lorsqu'ils réagissent, augmentez l'intensité de vos caresses : appuyez, pressez ou faites glisser vos doigts sur le mamelon. Cette stimulation peut renforcer les sensations ressenties dans d'autres parties du corps.

◁ **PRESSEZ VOS MAMELONS**
Pressez doucement les mamelons avec vos doigts afin de les stimuler et les faire saillir.

APPUYEZ SUR VOS SEINS ▷
Appuyez sur chacun des seins avec vos doigts. Caressez-les en vous concentrant sur leurs réactions.

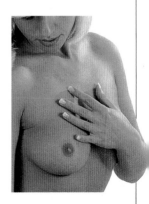

L'ÉTREINTE

33 LE PRÉLUDE

Beaucoup de femmes aiment que leur partenaire caresse leurs seins, ce qui augmente l'excitation sexuelle. Les lèvres et la langue provoquent des sensations très agréables de chaleur et d'humidité lorsque le partenaire embrasse, mordille ou suce les seins, notamment les mamelons.

34 LE RÔLE DU PARTENAIRE

La stimulation des seins est particulièrement importante avant et pendant l'amour. La position présentée ici permet à votre partenaire de caresser aisément vos seins et vos mamelons. Il peut également stimuler votre clitoris si vous le désirez.

L'ORGASME
*Chez certaines femmes,
la stimulation des seins est
indispensable pour
qu'elles puissent
atteindre
l'orgasme.*

*Aréole gonflée
et mamelon
en érection*

35 LES SEINS ET LE TROISIÈME ÂGE

Au fur et à mesure que les femmes avancent en âge, leurs seins sont de moins en moins réceptifs à l'excitation sexuelle. Cela est dû au fait que le tissu mammaire diminue progressivement et perd de son l'élasticité. Vers 50 ans, seulement 20 % des femmes voient le volume de leurs seins augmenter comme lorsqu'elles étaient plus jeunes. Souvent, le mamelon d'un seul sein entre en érection. Le « rougissement sexuel » devient aussi plus rare.

LA GROSSESSE ET L'ALLAITEMENT

36 LA LACTATION

Durant la grossesse, les glandes sécrétrices de lait et les canaux galactophores se développent sous l'action des hormones. Les cellules qui entourent les alvéoles (glandes sécrétrices de lait) se remplissent de gouttelettes de matière grasse et de petits grains de protéines, principaux composants du lait. Ceux-ci sont ensuite stockés dans les sacs alvéolaires situés derrière le mamelon. Les seins deviennent pleinement capables de produire du lait à partir du cinquième ou du sixième mois de la grossesse.

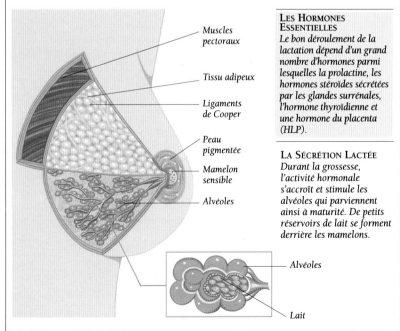

Muscles pectoraux

Tissu adipeux

Ligaments de Cooper

Peau pigmentée

Mamelon sensible

Alvéoles

LES HORMONES ESSENTIELLES
Le bon déroulement de la lactation dépend d'un grand nombre d'hormones parmi lesquelles la prolactine, les hormones stéroïdes sécrétées par les glandes surrénales, l'hormone thyroïdienne et une hormone du placenta (HLP).

LA SÉCRÉTION LACTÉE
Durant la grossesse, l'activité hormonale s'accroît et stimule les alvéoles qui parviennent ainsi à maturité. De petits réservoirs de lait se forment derrière les mamelons.

Alvéoles

Lait

37 LES SEINS PENDANT LA GROSSESSE

La sécrétion de l'hormone de grossesse, la progestérone, entraîne immédiatement des modifications de la glande mammaire. Il s'agit là des premiers signes de la grossesse. On note d'abord l'élargissement des aréoles et l'augmentation du volume des seins.

■ Chez la plupart des femmes enceintes, les seins et les mamelons sont tendus.

■ Les vaisseaux sanguins deviennent nettement plus visibles sur la peau des seins.

■ Les mamelons et les aréoles brunissent.

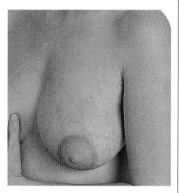

MODIFICATIONS RAPIDES

38 L'ACCOUCHEMENT

La stimulation des mamelons peut aider la femme pendant la phase de travail lorsque le terme de la grossesse est dépassé. Effectuée manuellement ou avec l'aide d'une pompe, elle entraîne la sécrétion de l'ocytocine, qui déclenche à son tour les contractions utérines (l'ocytocine permet aussi à l'utérus de retrouver sa taille normale après l'accouchement). Cependant, une stimulation trop longue peut induire une souffrance fœtale. Les mamelons ne doivent donc pas être stimulés plus de quelques minutes.

L'ACCOUCHEMENT NATUREL
Utilisée pour la première fois dans les années 1830, cette méthode consiste à provoquer le déclenchement du travail par l'excitation des mamelons. Elle est encore adoptée par certaines femmes qui souhaitent éviter un accouchement trop médicalisé.

39 POURQUOI ALLAITER ?

Chaque femme est libre de choisir le mode d'allaitement qui lui convient le mieux. Bien informée, elle peut peser les avantages et les inconvénients lorsqu'elle opte pour le sein ou pour le biberon. Toutefois, de nombreux éléments semblent plaider en faveur de l'allaitement maternel :

■ Le lait maternel contient tous les nutriments et des anticorps essentiels au développement du bébé.

■ Ce type d'allaitement crée une relation privilégiée entre la mère et son bébé. Celui-ci se sent en sécurité.

■ Beaucoup de femmes éprouvent du plaisir à allaiter.

■ L'allaitement maternel peut réduire les risques de cancer du sein.

LE COLOSTRUM
Le colostrum est un liquide épais, jaune clair, produit par les seins à la fin de la grossesse et pendant les tout premiers jours après l'accouchement. Riche en minéraux et en protéines, il est moins gras et moins sucré que le lait maternel. Il contient également des anticorps qui protègent le bébé contre les infections.

FAITES PARTICIPER LE PÈRE
Le contact physique rassure le bébé. Il a besoin de la chaleur de ses parents.

40 UN RÉGIME ALIMENTAIRE ADAPTÉ

Une femme qui allaite a besoin d'une alimentation variée et d'un peu plus de calories. Ces calories ne doivent pas provenir d'aliments riches en graisse ou en sucres superflus, sans réelle valeur nutritionnelle. Il vaut mieux consommer plus de viande ou d'autres protéines, de fruits, de légumes et de céréales.

VIANDES, POISSONS, LÉGUMES SECS
Ces aliments contiennent des protéines essentielles à l'entretien des tissus. La viande maigre, le poisson gras, les haricots sont riches en protéines.

LENTILLES

POISSON GRAS

LA VITAMINE A
On la trouve dans le foie, l'anguille fraîche, les légumes verts, les fruits orangés et les produits laitiers. Elle favorise le système immunitaire, la croissance des os et des dents et le développement cellulaire.

PERSIL

LES FRUITS
Les agrumes et les autres fruits sont une excellente source de vitamines et de fibres. Il est conseillé de remplacer les sucreries et les gâteaux par plus de fruits.

AGRUMES

LA VITAMINE C
On la trouve surtout dans les fruits et les légumes. Elle permet le développement des os, des dents, de la peau et du tissu conjonctif. Elle participe aussi à la formation du collagène.

POIVRON ROUGE

LES LÉGUMES
Ils cumulent les bienfaits du soleil et de la terre, fournissant vitamines, minéraux et fibres. Mangez-en tous les jours, cuits ou crus, pour être en forme et en bonne santé.

BROCOLI

LA VITAMINE E
On la trouve dans les graisses insaturées, le pain complet, les noix, les légumes secs, le soja et l'huile d'olive. Elle a un effet antioxydant et ralentit le vieillissement cellulaire.

NOIX DE PÉCAN

LE PAIN
Mangez de préférence du pain complet et des céréales riches en fibres. Néanmoins, tous les types de pain sont de bonnes sources d'hydrates de carbone.

PAIN COMPLET

LE ZINC
On le trouve dans la viande, les crustacés, les pois, les haricots, les yaourts et les céréales complètes. Il favorise la croissance et renforce le système immunitaire.

FLOCON D'AVOINE

Une Solution
Le tire-lait est un moyen pratique pour prélever le lait maternel.

Le tire-lait vide le sein par aspiration.

41 LE TIRE-LAIT

Vous pouvez prélever vous-même votre lait et le congeler.

La meilleure solution consiste à utiliser un tire-lait ; il est cependant plus facile d'obtenir le même résultat en massant vos seins. Ces prélèvements peuvent se révéler très utiles :

■ On peut nourrir le bébé de votre lait en votre absence.

■ Vous vous sentirez soulagée si vos seins sont trop pleins.

■ Le bébé peut continuer à boire du lait maternel si vous êtes malade ou trop affaiblie pour allaiter.

42 LA MONTÉE LAITEUSE

Pour que l'allaitement maternel se déroule dans de bonnes conditions, la montée laiteuse doit être constante et suffisante. Elle dépend de plusieurs facteurs, dont le plus important est la succion du mamelon par le bébé. La succion stimule les seins et entretient la lactation. Chez certaines mères, le réflexe se déclenche dès que le bébé pleure.

L'hypophyse libère les hormones nécessaires.

Le cerveau enregistre le signal.

La Sécrétion Lactée
Elle est contrôlée par deux hormones : la prolactine liée à la production de lait, et l'ocytocine, responsable du passage du lait dans les canaux galactophores.

Les alvéoles déversent le lait dans les canaux.

En tétant, le bébé stimule les terminaisons nerveuses.

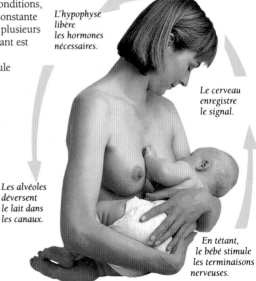

43 EN CAS DE MALADIE

Si la femme qui allaite souffre d'un simple rhume ou d'une grippe, elle peut continuer à allaiter, à moins qu'elle ne se sente trop fatiguée. La mère étant souvent en contact avec son bébé, ce dernier est de toute façon susceptible d'être contaminé. Une mère qui souffre d'une maladie plus grave peut utiliser le lait qu'elle a prélevé (*voir p. 34*).

■ L'allaitement a parfois des effets bénéfiques chez une femme diabétique car il peut réduire ses besoins en insuline.

■ La présence d'une tumeur cancéreuse du sein ne fait courir aucun risque au bébé, mais la mère devra suivre un traitement immédiatement et sera peut-être obligée d'arrêter l'allaitement.

■ Une mère porteuse du virus HIV ne doit pas allaiter si son bébé n'a pas été infecté.

44 PROBLÈMES LIÉS À L'ALLAITEMENT

L'allaitement maternel se passe en général très bien, mais les « incidents de parcours » ne sont pas exclus. Il s'agit le plus souvent de mamelons douloureux, de canaux obstrués, d'engorgement ou d'abcès du sein. Des traitements permettent d'y remédier.

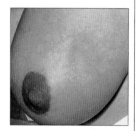

ABCÈS DU SEIN

QUELQUES CONSEILS PRATIQUES

Problèmes	Symptômes	Traitement
Mamelons douloureux	Mamelons légèrement tendus, sensibles ou crevassés	Appliquez une crème sans parfum et utilisez l'embout de caoutchouc au moment de l'allaitement.
Canaux obstrués	Seins tendus et sensibles parfois rouger de la peau au-dessus du canal obstrué	Masser au-dessus de la zone douloureuse quand vous allaitez ; si le trouble persiste, consultez un médecin.
Engorgement	Gêne, sensation de trop-plein, seins durs et douloureux	Prélevez un peu de lait pour soulager votre sein.
Abcès	Gonflement, tension et rougeur localisées	Votre médecin vous prescrira des antibiotiques. L'allaitement sera suspendu temporairement.

SOINS ET EXAMENS

45 LA GYMNASTIQUE SPÉCIFIQUE

La gymnastique permet de fortifier et de tonifier les muscles pectoraux et les muscles peauciers, mais elle ne peut modifier ni la forme ni la taille des seins. Toutefois, en revigorant vos muscles, vous pourriez relever vos seins et augmenter légèrement leur volume.

L'EXTENSION DE LA JAMBE
Cet exercice vous permettra de tonifier vos muscles. Faites-le plusieurs fois en tendant la jambe droite, puis répétez l'exercice avec la jambe gauche.

La tête et le cou doivent être détendus.

ATTENTION À VOTRE DOS !
Gardez le dos bien droit tout au long de l'exercice. Si vous le cambrez, vous risquez de vous faire mal.

1 ◁ Mettez-vous à quatre pattes en prenant appui sur les mains, les bras légèrement écartés et tendus à la verticale.

Tendez bien la jambe.

Évitez de cambrer le dos.

2 ▷ Tendez la jambe droite en arrière, les pieds cambrés. Pliez les bras de façon à abaisser votre buste presque jusqu'au sol. Gardez toujours vos épaules et vos mains dans l'axe.

LES MAINS
Placez les paumes de vos mains l'une contre l'autre devant votre poitrine. Pressez pendant cinq secondes, puis relâchez. Répétez l'exercice dix fois.

L'AVANT-BRAS
Attrapez solidement vos avant-bras à hauteur des épaules, puis tirez des deux côtés sans lâcher prise. Répétez l'exercice dix fois.

LES DOIGTS PLIÉS
Repliez vos doigts et attrapez ceux de l'autre main à hauteur des épaules. Tirez pendant cinq secondes. Répétez l'exercice dix fois.

46 LES SOINS QUOTIDIENS

La beauté du sein ne dépend que de l'état de la peau qui l'enveloppe. Cette peau fine et fragile doit faire l'objet de soins attentifs. Les soins cosmétiques, bien qu'utiles, ne font pas de miracles. Ne frottez pas vos seins trop fort en vous lavant ou en vous séchant – cela pourrait rendre les mamelons douloureux et sensibles. Après la douche, prenez l'habitude d'utiliser un lait corporel hydratant et faites-en profiter votre buste. Ces soins s'avèrent aussi utiles si vos mamelons deviennent secs et écailleux avant les règles. En cas de plaque d'eczéma persistante, consultez un médecin.

LA PROTECTION SOLAIRE
Le soleil est un danger pour la peau : mélanome et vieillissement prématuré sont à craindre si vous prenez des bains de soleil excessifs et sans protection. Appliquez une crème solaire à indice de protection élevé (IP 20 ou 30) toutes les heures et après chaque baignade.

Protégez et soignez votre peau.

47 L'AUTO-EXAMEN DES SEINS

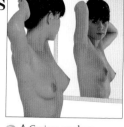

L'auto-examen de vos seins vous aidera à vous familiariser avec votre corps. L'idéal serait de le pratiquer dès que vos règles deviennent régulières et de continuer tout au long de votre vie. Les premiers mois, examinez vos seins à plusieurs moments du cycle menstruel : vous percevrez ainsi les divers changements d'aspect au cours du cycle. Par la suite, il vous suffira de les examiner une fois par mois. Choisissez un moment où les seins sont « au repos » – les huit premiers jours du cycle sont la meilleure période.

2 △ Croisez vos bras derrière la tête et tournez-vous de chaque côté pour observer vos seins de profil.

L'ASPECT GÉNÉRAL

Commencez par un examen visuel général, puis passez à une observation minutieuse (voir p. 39). *Procédez enfin à la palpation* (voir p. 40). *Répétez la même série de vérifications chaque mois.*

1 ▷ Déshabillez-vous dans une pièce où vous ne risquez pas d'être dérangée. Placez-vous, assise ou debout, devant un miroir.

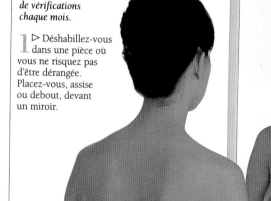

ASPECT GRENU NORMAL
Vos seins peuvent devenir plus volumineux et prendre un aspect grenu pendant la deuxième partie de votre cycle menstruel.

48 L'EXAMEN VISUEL

Observez attentivement chaque sein dans le miroir, sous un bon éclairage, à la recherche d'une modification de taille, d'aspect, de couleur des mamelons, d'une différence entre les deux mamelons, d'eczéma ou de capiton cutané. En vous penchant en avant, vous remarquerez peut-être des changements qui ne vous auraient pas sauté aux yeux autrement.

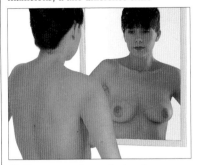

1 Placez vos mains sur les hanches et serrez-les fortement. Vous devez alors sentir les muscles de votre thorax qui commencent à se contracter.

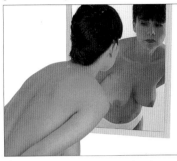

2 Penchez-vous en avant. Recherchez capitons cutanés ou plissements de la peau, rétraction du mamelon ou modification du galbe du sein.

49 UN PARTENAIRE ATTENTIF

Les modifications subies par les seins d'une femme peuvent être décelées d'abord par son partenaire pendant l'amour. Si vous ne touchez pas vos seins, vous n'avez peut-être rien remarqué. Votre partenaire peut vous aider s'il perçoit un changement et vous en parler calmement un peu plus tard.

LA MAIN DE L'AUTRE
Le toucher affectueux de votre partenaire peut vous aider à mieux connaître vos seins.

50 LA PALPATION

Continuez l'examen en procédant à la palpation de vos seins du bout des doigts ; placez ceux-ci parallèlement à la peau. Vous pouvez profitez du moment où vous prenez votre bain : si vous utilisez du savon ou du talc, vous aurez plus de facilité à glisser votre main doucement sur vos seins. Si vous vous couchez, un bras replié sous la tête, le tissu mammaire qui se trouve sous votre bras se déplacera vers votre thorax, vous permettant de mieux y accéder et de le palper plus facilement.

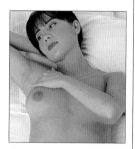

1 Allongez-vous confortablement et placez votre bras droit sous la tête. Si vous n'êtes pas à l'aise, vous pouvez placer un oreiller sous votre épaule gauche.

2 D'un toucher ferme, examinez votre sein droit avec votre main gauche en utilisant une des méthodes de palpation décrites à la page suivante.

3 Examinez le creux de votre aisselle et le haut de votre clavicule à la recherche d'éventuelles grosseurs, qui ne seront peut-être que des ganglions lymphatiques gonflés.

4 Placez ensuite votre bras gauche sous la tête. Avec votre main droite, procédez de la même façon pour examiner attentivement le sein et le creux de l'aisselle gauches.

Touchez vos seins du bout des doigts.

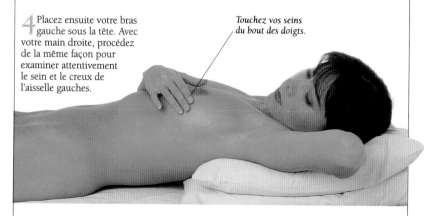

51 LES MODES DE PALPATION

Il existe plusieurs façons de palper les seins. Après avoir pris connaissance de leurs caractéristiques, choisissez celui qui vous convient le mieux. Il vous permettra de déceler tout changement très tôt. Palpez vos seins en vous servant des quatre doigts de la main, pouce exclu. N'oubliez pas de presser très légèrement le mamelon de chaque sein pour vérifier qu'il n'y a aucun écoulement anormal.

CERCLES CONCENTRIQUES
Commencez par décrire un petit cercle du bout des doigts en partant du mamelon, puis faites des cercles de plus en plus larges.

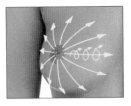

LE MODE RADIAL
Divisez votre sein en douze, comme sur une horloge. Palpez-le en partant du mamelon et en dirigeant votre doigt vers midi, etc.

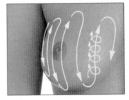

LE MODE VERTICAL
Imaginez que votre sein est divisé en une série de bandes verticales. Parcourez-le de haut en bas et de bas en haut en partant de l'aisselle.

52 L'ÉTAT NORMAL

Avec un peu d'expérience, vous remarquerez facilement tout détail inhabituel : l'apparition de petites grosseurs, un aspect grenu plus prononcé de la peau, le gonflement du tissu situé entre le mamelon et l'aisselle ou dans la partie inférieure du sein. Toutes ces modifications sont parfaitement normales. Par la suite, vous serez sans doute capable de détecter un éventuel changement majeur.

VARIATIONS SUR LA NORMALE
En vous examinant, vous découvrirez peut-être des irrégularités qui vous inquiéteront. La plupart d'entre elles, comme le montre l'illustration ci-contre, sont tout à fait normales et ne présentent aucun danger.

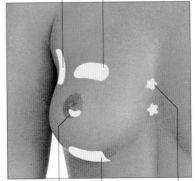

Gonflement

Zone légèrement indurée

Cupule sous le mamelon

Tissu épaissi sous le sein

Bosses à l'endroit où les côtes rejoignent le sternum

53 MODIFICATIONS SIGNIFICATIVES

Une fois que vous connaissez bien l'état normal de vos seins, vous êtes en mesure de déceler tout changement qui nécessite l'avis d'un médecin. Lorsque vous procédez à l'examen visuel de vos seins, il peut vous arriver d'observer les phénomènes suivants :

- veines saillantes ;
- changement de taille d'un sein ;
- sein déformé, avec une petite ride qui tire sur la peau ;
- mamelon qui, depuis peu, « rentre » dans le sein ;
- écoulement ou saignement.

Lorsque vous procédez à la palpation de vos seins, il se peut que vous remarquiez une grosseur présentant les caractéristiques suivantes :

- il s'agit d'une grosseur évidente, et non d'un simple épaississement du tissu mammaire ;
- elle ne subit pas de modification en l'espace d'un ou de deux cycles menstruels.

L'ÉCOULEMENT

Examinez vos vêtements pour vous assurer qu'il n'y a pas d'écoulement par le mamelon. Ne pressez pas le mamelon trop fort. L'écoulement n'est significatif que s'il se produit sans pression importante, d'un mamelon seulement, ou s'il est persistant.

LA PALPATION PÉRIPHÉRIQUE
Si vous découvrez une grosseur, examinez également votre aisselle et la partie supérieure de votre clavicule pour vérifier si un des ganglions lymphatiques ne serait pas lui aussi gonflé.

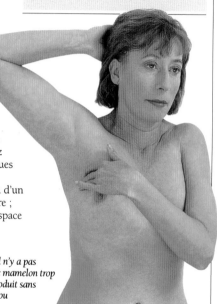

54 LES GROSSEURS

Si vous découvrez une boule isolée et inhabituelle, n'hésitez pas à consulter le médecin. La majeure partie des grosseurs détectées au cours de l'auto-examen ne sont pas cancéreuses. Lorsque vous découvrez un module, examinez immédiatement l'autre sein :

s'il présente un nodule au même endroit, vous n'avez pas de souci à vous faire. Si le second sein est différent, prenez rendez-vous avec votre médecin qui décidera de l'opportunité d'examens approfondis. Mais ne paniquez pas. Il s'agit dans la plupart des cas de problèmes bénins.

55 LES TYPES DE TUMEURS

Une petite partie seulement des tumeurs du sein sont cancéreuses. Environ 75 % des tumeurs sont bénignes. Elles comprennent les kystes (cavités remplies de liquide), les adénofibromes (tumeurs bénignes de nature fibreuse) et les hyperplasies du tissu conjonctif (glandes volumineuses). Ces formes de pathologie fibrokystique (tumeurs bénignes) touchent environ 20 % des femmes de 20 à 50 ans.

FRÉQUENCE DES CANCERS
Voici indiquée ici en pourcentage la fréquence des cancers dans les différentes parties du sein.

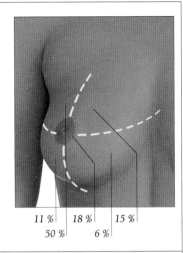

11 %   18 %   15 %
50 %   6 %

56 LE DÉPISTAGE

Toutes les femmes, à toutes les étapes de leur vie, doivent procéder à l'auto-examen des seins. Des contrôles supplémentaires sont recommandés pour les femmes

ménopausées, chez qui le risque de cancer du sein est plus élevé, ainsi que pour les femmes appartenant à d'autres groupes à risque (par exemple, celles dont les mères ou les sœurs ont eu un cancer du sein). Des campagnes de dépistage très utiles sont destinées aux femmes de plus de 50 ans.

LA PRATIQUE DU DÉPISTAGE
Le dépistage comporte un examen clinique, effectué par un médecin, et une mammographie.

57 LA MAMMOGRAPHIE

La mammographie est une radiographie des seins comportant une faible dose de rayons X. Elle fait apparaître très clairement les tissus mous. Grâce à sa précision, on peut déceler la trace d'un microcancer qui ne se révèlerait que dans quelques années. Les clichés sont développés, puis examinés et interprétés par un radiologue spécialisé. Les résultats sont immédiats dans la plupart des cas. La mammographie est utilisée comme moyen de dépistage chez les femmes de plus de 50 ans, car le cancer du sein est relativement rare chez les femmes plus jeunes. Elle est également utilisée et vivement conseillée pour les femmes appartenant aux groupes à risque.

△ **LA RADIOGRAPHIE**
Chaque sein est comprimé. Sur les nouveaux appareils, la compression est limitée, ce qui rend la mammographie moins pénible.

◁ **INTERPRÉTATION**
Un radiologue expérimenté examine attentivement les clichés, à la recherche de la moindre anomalie.

58 AUTRES MÉTHODES DE DÉPISTAGE

La mammographie est la technique d'imagerie la plus répandue pour le sein. Cependant, on pourra vous proposer d'autres techniques, notamment si l'on vous a conseillé d'effectuer des examens supplémentaires à la suite d'une mammographie de dépistage classique.

■ L'échographie donne une image similaire à une radiographie. Elle est produite grâce à l'écho des ondes sonores renvoyées par le tissu examiné. Ce procédé, tout à fait indolore, est intéressant pour l'examen des seins denses.

■ La xéroradiographie est une image sur papier, et non sur film. Cette technique est en voie de disparition en raison de la forte dose de radiations utilisée et des résultats peu fiables.

■ La thermographie repose sur la photographie infrarouge et permet d'établir une carte des températures des tissus examinés.

■ L'imagerie par résonance magnétique (IRM) permet d'explorer les deux seins en même temps, notamment les petits vaisseaux qui se développent à proximité d'une tumeur.

LES AFFECTIONS BÉNIGNES DU SEIN

59 LES SEINS DOULOUREUX

De nombreuses femmes souffrent d'un endolorissement des seins (mastodynie) et craignent un cancer. En réalité, une douleur non cyclique (non liée au cycle menstruel) qui semble localisée dans le sein peut très bien être une douleur d'origine musculo-squelettique, provenant d'une autre partie du corps. Les douleurs mammaires cycliques sont généralement liées à la menstruation.

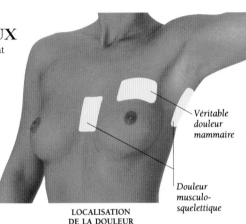

Véritable douleur mammaire

Douleur musculo-squelettique

LOCALISATION DE LA DOULEUR

GÉLULES D'ONAGRE

POUR SOULAGER LA DOULEUR
L'huile d'onagre est efficace et sans danger, mais il faut en prendre à forte dose pendant plusieurs mois avant d'obtenir de bons résultats.

FLEUR D'ONAGRE

60 DOULEUR MAMMAIRE CYCLIQUE

La véritable douleur mammaire est le plus souvent liée au cycle menstruel. La plupart des femmes ressentent une douleur plus ou moins importante juste avant leurs règles. Chez certaines femmes, les seins sont douloureux et tendus pendant près de deux semaines à partir du milieu du cycle jusqu'à l'arrivée des règles. Hormis l'huile d'onagre, des traitements à base de danazol et la bromocriptine sont délivrés sur ordonnance.

45

61 DOULEUR MAMMAIRE NON CYCLIQUE

Il existe deux sortes de douleurs mammaires non cycliques : la douleur mammaire véritable, qui provient des seins mais n'est pas liée au cycle menstruel, et la douleur qui, bien que ressentie dans la région mammaire, provient en réalité d'un autre endroit. Pour cette dernière, on parle de douleur musculo-squelettique.

■ La douleur mammaire véritable est parfois liée à une pathologie bénigne du sein telle que l'ectasie canaliculaire.
■ La douleur peut provenir de la paroi thoracique ou de la colonne vertébrale. Elle est souvent causée par une forme d'arthrite.
■ En cas de douleur persistante à un seul endroit, consultez votre médecin.

62 LES TUMEURS BÉNIGNES

Les seins de toutes les femmes présentent des boules ou un aspect grenu. Les grosseurs les plus courantes sont tout à fait bénignes et correspondent simplement à une variation de la normale. Il existe deux sortes de tumeurs mammaires bénignes : l'adénofibrome et le kyste.

▽ **LOCALISATION DES TUMEURS**
Si vous découvrez une boule, votre médecin procédera à un examen clinique afin de préciser sa localisation. Il examinera aussi votre aisselle à la recherche d'éventuels ganglions lymphatiques gonflés.

△ **L'ÉCHOGRAPHIE**
L'examen clinique ne peut préciser si le nodule est solide ou rempli de liquide. L'échographie permet de faire cette distinction. Elle peut éventuellement révéler d'autres petites grosseurs. L'illustration ci-dessus montre un gros kyste.

CLÉS
1 QUADRANT SUPÉRO-INTERNE
2 QUADRANT SUPÉRO-EXTERNE
3 QUADRANT INFÉRO-INTERNE
4 QUADRANT INFÉRO-EXTERNE

63 LES ADÉNOFIBROMES

Ces tumeurs bénignes se rencontrent souvent chez les adolescentes et les femmes de 20 à 30 ans. Il s'agit en fait de lobules surdéveloppés. Leur taille peut varier de la grosseur d'un petit pois à celle d'un citron. Situées le plus souvent près du mamelon, elles sont souples, fermes et mobiles sous la peau. Indolores, ces boules ne varient pas au cours du cycle. Il n'est pas nécessaire d'ôter ce type de tumeur, car il se résorbe le plus souvent.

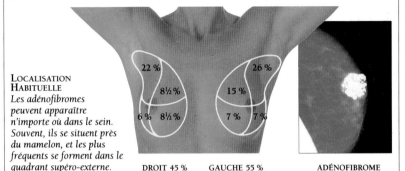

LOCALISATION HABITUELLE
Les adénofibromes peuvent apparaître n'importe où dans le sein. Souvent, ils se situent près du mamelon, et les plus fréquents se forment dans le quadrant supéro-externe.

22 %   26 %
8½ %   15 %
6 %   8½ %   7 %   7 %

DROIT 45 %   GAUCHE 55 %   ADÉNOFIBROME

64 LES KYSTES

Les kystes sont des cavités remplies de liquide. Dus à l'obstruction des glandes au cours de leur évolution, ils peuvent avoir la taille d'un abricot ou d'une mandarine et sont sensibles, voire douloureux. Les kystes ne sont en fait qu'une variante de l'anatomie normale du sein. Ils peuvent apparaître soudainement et sont fréquents chez les femmes entre 30 et 60 ans. Pour confirmer son diagnostic, votre médecin procédera à une cytoponction.

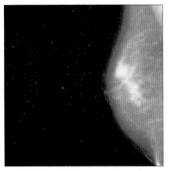

LA MAMMOGRAPHIE D'UN KYSTE
La mammographie permet de détecter un kyste mais pas de le distinguer des autres tumeurs du sein. Ici, le kyste apparaît comme une zone blanche irrégulière derrière le mamelon.

UN TRAITEMENT INDOLORE
La cytoponction à l'aiguille fine sert à la fois pour le diagnostic et le traitement. Il s'agit d'un procédé d'aspiration simple, rapide et indolore. Vous sentirez seulement la piqûre de l'aiguille lorsque le liquide sera aspiré dans la seringue. Le kyste se résorbera, puis disparaîtra.

65 LES AFFECTIONS DU MAMELON

Les modifications bénignes du mamelon sont moins courantes que les autres affections du sein, mais elles doivent être examinées rapidement par un médecin. Le rétrécissement des canaux galactophores, normal chez la femme de 40 à 60 ans, peut provoquer des affections du mamelon. La dilatation des canaux (ectasie) peut entraîner gonflement et douleur (*voir ci-dessous*).

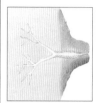

Dans le cas de l'ectasie classique, les canaux galactophores se dilatent et le liquide stagne.

Les parois des canaux galactophores peuvent s'ulcérer et entraîner une sécrétion.

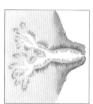

Le liquide peut se répandre dans le tissu, provoquant un gonflement douloureux.

La cicatrisation du tissu peut provoquer la rétraction du mamelon, aussi appelée ombilication.

66 L'ÉCOULEMENT

En dehors de la période de lactation, la plupart des cas d'écoulement par le mamelon sont bénins. Ils peuvent être provoqués par des médicaments, plus rarement par un dérèglement hypophysaire. Si l'écoulement est important, hémorragique ou persistant, consultez un médecin, qui procédera à une biopsie. Il peut y avoir des dépôts de calcium (microcalcifications) dans les canaux galactophores, ou bien un canal ulcéré. Les canaux très atteints peuvent être retirés chirurgicalement.

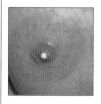

L'ÉCOULEMENT LACTÉ
Il arrive que les seins d'une femme qui n'allaite pas sécrètent du lait. On parle alors de galactorrhée.

67 LA PEAU DU MAMELON

Les mamelons crevassés au cours de l'allaitement peuvent poser des problèmes (*voir p. 35*). Ne confondez pas l'eczéma, qui se soigne facilement, avec la maladie de Paget, qui est une forme de cancer. Si vous avez un doute, consultez votre médecin.

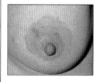

ECZÉMA
Les taches qui provoquent des démangeaisons autour du mamelon sont traitées par une crème à l'hydrocortisone.

LA MALADIE DE PAGET
C'est une forme de cancer du sein qui évolue lentement. Il ne faut pas confondre cette maladie avec l'eczéma.

LE CANCER DU SEIN

68 LA FRÉQUENCE DE LA MALADIE

En Occident, le cancer du sein touche environ une femme sur dix au cours de sa vie, ce qui équivaut à une femme sur mille vivant autour de vous à un moment donné. Toutefois, sur cinq femmes atteintes d'un cancer du sein, une seule en meurt. Plus longtemps vous avez vécu sans développer de cancer du sein, moins vous avez de risque d'en mourir. Les statistiques montrent que le cancer du sein est le cancer féminin le plus fréquent, et la première cause de mortalité chez les femmes de 35 à 55 ans. Après 55 ans, les femmes meurent davantage de maladies cardiaques.

LA MALIGNITÉ
À chaque tumeur cancéreuse décelée correspondent dix tumeurs bénignes. Sur dix femmes atteintes d'une tumeur cancéreuse, huit survivent au moins pendant cinq ans.

LES MALADIES MORTELLES
Chez les femmes occidentales, tous âges confondus, les maladies cardio-vasculaires, les infarctus et les accidents cérébraux tuent beaucoup plus que le cancer du sein.

69 Les facteurs de risque

Certaines femmes sont plus susceptibles que d'autres de présenter un cancer du sein en raison de facteurs génétiques et/ou liés à leurs environnements. Parmi les facteurs de risque, on trouve :

- antécédents familiaux de cancer du sein ;
- pourcentage élevé d'hormones féminines ;
- premières règles précoces et ménopause tardive ;
- première grossesse après 30 ans, ou aucune grossesse.

La meilleure protection contre le cancer du sein est la grossesse (à un jeune âge si possible) suivie d'allaitement.

Le Poids Corporel
En Occident, l'obésité est un des facteurs qui augmentent le risque de cancer du sein. Au Japon, les femmes sont peu touchées par cette maladie.

70 Les antécédents familiaux

Les antécédents familiaux de cancer du sein constituent un facteur de risque très important, capable de rendre tous les autres facteurs potentiellement plus dangereux. Le risque augmente avec la proximité de la parenté et le nombre de parentes qui ont été atteintes par un cancer du sein. Ainsi, une femme dont la mère a été atteinte d'un cancer des deux seins avant l'âge de 35 ans a 50 % de risques de développer, elle aussi, un cancer.

FACTEUR DE RISQUE	
risque normal x 25	CANCER DES DEUX SEINS AVANT 35 ANS CHEZ LA MÈRE
risque normal x 20	CANCER DU SEIN CHEZ LA MÈRE ET LA SŒUR
risque normal x 15	CANCER DES DEUX SEINS AVANT 40 ANS CHEZ LA SŒUR
risque normal x 10	CANCER DES DEUX SEINS AVANT 50 ANS CHEZ LA SŒUR
risque normal x 5	CANCER DU SEIN CHEZ UNE PARENTE DE PREMIER DEGRÉ (MÈRE OU SŒUR)
risque normal	CANCER DU SEIN CHEZ UNE PARENTE DE SECOND DEGRÉ (TANTE OU GRAND-MÈRE)

RISQUE DE CANCER ET ANTÉCÉDENTS FAMILIAUX

71 LA PRÉVENTION

Il y a certains facteurs sur lesquels on peut agir afin de réduire le risque de cancer du sein. Avoir une alimentation équilibrée, consommer de l'alcool en quantités modérées, avoir son premier enfant jeune et l'allaiter plutôt que de le nourrir au biberon – voici autant de moyens de réduire les risques. Pour les femmes à haut risque, il est conseillé d'adopter un autre type de prévention.

■ Le Tamoxifen est un médicament hormonal complexe utilisé dans le traitement des femmes qui ont déjà un cancer à un sein (*voir p. 60*). À long terme, il permet de réduire de moitié le risque de développer un cancer à l'autre sein.

■ La mastectomie prophylactique (préventive) peut être envisagée dans certains cas, lorsque la femme présente un risque très élevé.

72 LES FORMES DE CANCER

Le cancer du sein peut prendre différentes formes. Tous les cancers se caractérisent par la prolifération incontrôlée de certaines cellules ; cette croissance anormale est rapide et exige beaucoup d'énergie. Dans le sein, où le tissu est solide, les cellules cancéreuses provoquent un gonflement, ou tumeur. La plupart des tumeurs ne sont pas cancéreuses, ne s'étendent pas et ne sont pas mortelles.

Les tumeurs cancéreuses, elles, sont invasives. Elles s'étendent au-delà de leur localisation d'origine, soit dans la graisse, les muscles ou la peau qui les entourent, soit dans d'autres organes par l'intermédiaire du sang ou du liquide lymphatique.

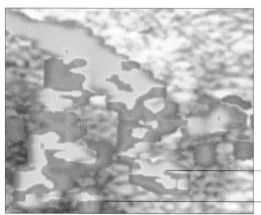

L'ÉCHOGRAPHIE
On peut ajouter de la couleur à une échographie pour mettre en évidence la vitesse du flux sanguin. Les zones colorées représentent un flux plus rapide. Une tumeur fortement irriguée constitue une forte présomption de malignité, mais cet indice n'est pas suffisant pour un diagnostic fiable.

Zones colorées = flux sanguin accru.

Les zones cancéreuses apparaissent en beige.

73 LE CANCER NON INVASIF

Une croissance exagérée des cellules peut survenir à tout moment de la vie fertile d'une femme, et ce dans n'importe quelle partie des lobes ou des canaux de ses seins. On parle alors d'hyperplasie, qui est une pathologie bénigne. Dans certaines hyperplasies, les cellules deviennent atypiques et peuvent se transformer en cancer localisé. Un cancer non invasif, *in situ*, risque fort de devenir invasif.

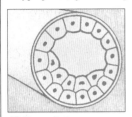

1 Hyperplasie
Les cellules du canal se multiplient plus que nécessaire. Cet excès de cellules bénin s'accumule contre la paroi intérieure du canal.

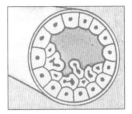

2 Hyperplasie atypique
Les cellules perdent leur apparence normale et sont dites « atypiques ». Cette pathologie reste bénigne mais nécessite une surveillance accrue.

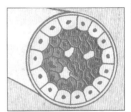

3 Cancer *in situ*
Les cellules atypiques remplissent complètement le canal, formant un carcinome malin. À ce stade, les cellules ne sont toujours pas invasives.

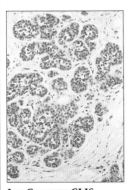

LES CELLULES CLIS
Ces cellules sont uniformes, petites et rondes. Les glandes sont visibles mais ne sont pas anormales car elles ne sont pas creuses. Les noyaux sont foncés.

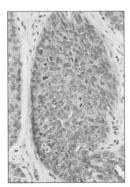

LES CELLULES CCIS
Une seule glande est visible ici. Les cellules qui la constituent ne sont pas uniformes, n'ont pas de structure reconnaissable et remplissent tout l'espace.

◁ **LES CANCERS IN SITU**
Il en existe deux sortes : le carcinome intracanalaire in situ *(CCIS) et le carcinome lobulaire* in situ *(CLIS). L'expression latine* in situ *signifie « à sa place d'origine ».*

LA PATHOLOGIE PRÉINVASIVE
Le CLIS lui-même ne se transforme pas en cancer mais indique qu'une femme court le risque de développer un CCIS, forme extrême d'hyperplasie. Le CCIS est généralement soit focalisé (en un endroit seulement), soit multicentrique (en plusieurs endroits).

74 LE CANCER INVASIF

Le cancer du sein provient généralement des cellules qui tapissent les canaux ou les lobules. Sa forme la plus fréquente est appelée carcinome canalaire, car on pensait au départ qu'il était dû aux canaux galactophores. On sait maintenant que le carcinome canalaire ainsi que le carcinome lobulaire, moins connu, proviennent généralement des lobules. Tous deux peuvent être préinvasifs (*voir p. 52*) ou invasifs.

■ Les carcinomes canalaires invasifs représentent plus de 80 % de tous les cancers du sein détectés. Le premier symptôme de ce type de cancer est souvent une tumeur nouvelle, dure et de forme mal définie. Lorsque la tumeur s'étend le long des ligaments entre les lobes mammaires, elle tire sur la peau qui les recouvre, provoquant une rétraction cutanée. Le mamelon peut parfois se rétracter, et les ganglions lymphatiques peuvent également être affectés.

■ Les carcinomes lobulaires invasifs représentent environ 10 % des cancers du sein. Ils se comportent d'une manière similaire aux cancers canalaires, mais s'étendent de façon diffuse au lieu de former une tumeur discrète.

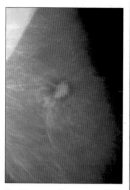

LA TUMEUR INVASIVE
Au centre de cette mammographie, la zone colorée en rouge est un cancer véritable. Son contour irrégulier qui rappelle une comète est typique d'une tumeur invasive.

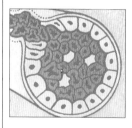

LE CARCINOME INVASIF
Le cancer devient réellement invasif lorsque les cellules commencent à sortir du canal ou du lobule d'origine et à s'étendre dans le tissu environnant. À ce stade de la maladie, la chirurgie peut très rarement être évitée.

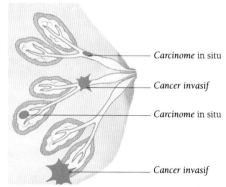

Carcinome in situ

Cancer invasif

Carcinome in situ

Cancer invasif

LOCALISATION DU CANCER
Le cancer du sein peut apparaître soit dans les lobules, soit – plus rarement – dans les canaux galactophores. Si la tumeur reste confinée au lobule ou au canal, on parle de carcinome in situ. Dès qu'elle s'étend au tissu environnant, il s'agit d'un véritable cancer invasif.

75 EXAMEN ET DIAGNOSTIC

Une femme qui a découvert une tumeur dans son sein subit d'abord un examen clinique manuel du même type que l'auto-examen. Ensuite on procède systématiquement à différentes investigations, mammographie, échographie ainsi que l'examen au microscope d'un prélèvement de cellules ou de tissu afin de déterminer si la tumeur est maligne ou non. Si elle l'est, on procède encore à d'autres tests afin de pouvoir préciser l'origine de la tumeur, ses caractéristiques et son stade de développement. Tout écoulement par le mamelon est également analysé.

UNE SÉRIE DE TESTS
Afin de choisir le meilleur traitement, la tumeur est soumise à une série de tests qui permettent de déterminer si elle est maligne et à quel type elle appartient.

Le service hospitalier spécialisé
Si quelque chose d'anormal est détecté sur une mammographie lors d'un dépistage, ou si vous découvrez une tumeur au cours d'un auto-examen, votre médecin vous orientera dans un service hospitalier spécialisé. Les tests initiaux dépendront de la probabilité du cancer.

Cancer peu probable
La cytoponction à l'aiguille fine permet d'analyser un prélèvement de cellules.

Cancer possible
Si un cancer est suspecté ou confirmé par la cytoponction, il faut pratiquer une biopsie.

Biopsie
La biopsie exérèse ou le carottage permettent de faire un prélèvement de tissu qui sera analysé.

Histologie
L'analyse des tissus permet de diagnostiquer le type de cancer et l'importance de la tumeur.

Autres examens
Ils permettent de préciser la zone atteinte et de prévoir le traitement le plus approprié.

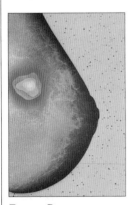

TUMEUR PROFONDE
Le noyau jaune indique la présence d'une tumeur cancéreuse implantée profondément dans le sein.

TUMEUR DANS UN CANAL
La zone rouge indique la présence dans le canal mammaire d'une grosse tumeur maligne composée de tissu dense.

76 LES STADES DU CANCER

Le médecin fera appel à une série de tests pour déterminer la gravité de la tumeur (la vitesse à laquelle elle évolue), le stade de la maladie, et si elle s'est propagée ou non.

Une fois ces facteurs déterminés, il décidera du meilleur traitement à appliquer dans votre cas et pourra faire le point sur les perspectives à plus long terme.

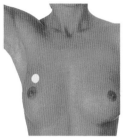

△ **STADE I**
La maladie est limitée au sein, avec capiton cutané ou non.

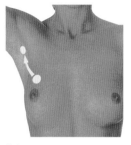

△ **STADE II**
Les ganglions lymphatiques axillaires sont affectés. Les stades I et II ne peuvent être guéris autrement que par la chirurgie. Cependant, un traitement global, tel que la chimiothérapie, peut être envisagé en parallèle.

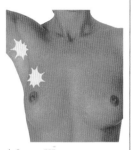

△ **STADE III**
Le cancer a gagné les muscles du thorax, la peau en regard, parfois même les ganglions lymphatiques situés au-dessus de la clavicule.

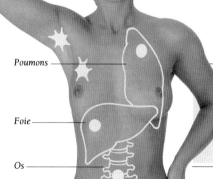

Poumons

Foie

Os

◁ **STADE IV**
Le cancer s'est propagé dans plusieurs parties du corps. Les sites typiques de cette propagation secondaire sont les os, le foie et les poumons. À ce stade de développement du cancer, le pronostic ne peut être que pessimiste.

PRONOSTIC ET PERSPECTIVES
Il est toujours difficile de faire un pronostic très précis. Cependant, les statistiques montrent qu'au stade I 85 % des femmes survivent au moins cinq ans, alors qu'au stade IV il n'y en a plus que 10 %.

TRAITEMENT DU CANCER

77 CONSERVER LE SEIN

Les traitements actuels tendent à conserver la plus grande partie du sein possible en limitant la chirurgie au strict minimum. Si la tumeur mesure moins de 4 cm de diamètre, on peut procéder à son ablation chirurgicale.

SOYEZ OPTIMISTE
Il n'y a pas de raison pour que votre traitement contre le cancer du sein affecte outre mesure votre silhouette ou votre mode de vie.

78 LE CHOIX DU TRAITEMENT

Vous devez connaître parfaitement les différents traitements si vous avez un cancer. Les techniques dont on dispose permettent de vous situer dans un groupe bien défini et de vous proposer un traitement adapté.

■ L'ablation de la tumeur (*voir p. 57*) consiste à retirer la tumeur en laissant le sein intact.

■ L'ablation d'un quadrant mammaire (*voir p. 57*) consiste à retirer une partie du sein.

■ La mastectomie simple (*voir p. 58*) consiste à retirer la totalité du tissu mammaire.

■ La mastectomie élargie (*voir p. 58*) consiste à enlever aussi le muscle qui se situe sous le sein.

■ La radiothérapie, la chimiothérapie ou l'hormonothérapie peuvent être utilisées à la suite de l'intervention chirurgicale.

MANGER LÉGER
La chimiothérapie (voir p. 60) *peut vous donner des nausées. Essayez de prendre uniquement des repas légers.*

79 L'ABLATION DE LA TUMEUR

On préfère recourir à cette technique chaque fois que cela est possible. Efficace, présentant des avantages esthétiques, ce traitement est psychologiquement le moins traumatisant. Lorsque l'ablation se limite à la tumeur, le sein se recomblera tout seul. Le chirurgien essaie de préserver l'innervation du mamelon de manière à conserver sa sensibilité. L'intervention est relativement mineure et se fait sous anesthésie générale.

L'ÉTENDUE DE L'INTERVENTION
Votre chirurgien retirera la tumeur avec un centimètre de tissu sain autour, ainsi que les ganglions lymphatiques de l'aisselle.

Les ganglions lymphatiques sont souvent retirés par mesure de précaution.

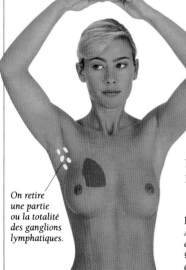

80 L'ABLATION D'UN QUADRANT MAMMAIRE

Si la tumeur n'a pas de limites très précises, votre chirurgien retirera une plus grande quantité de tissu tout autour. L'excision segmentaire et la quadrantectomie consistent en l'ablation de différents volumes de tissu. Selon la quantité de tissu retiré, l'opération peut laisser un sein plus ou moins difforme. C'est la raison pour laquelle certaines femmes préfèrent opter pour la mastectomie simple (*voir p. 58*).

On retire une partie ou la totalité des ganglions lymphatiques.

L'ÉTENDUE DE L'INTERVENTION
Autour de la tumeur, on retire une plus grande quantité de tissu que lors d'une simple ablation. Quant aux ganglions lymphatiques, ils font l'objet d'un prélèvement ou d'une ablation.

81 LA MASTECTOMIE SIMPLE

La mastectomie simple est une intervention importante, qui consiste en l'ablation de toute la glande mammaire. Elle est indiquée lorsque la tumeur est volumineuse ou, dans certaines localisations, pour conserver toutes les chances de guérison. Cette intervention nécessite une hospitalisation d'environ 8 jours. Si votre épaule est raide à la suite de l'opération, quelques exercices simples (*voir p. 62*) vous aideront à lui rendre sa souplesse.

L'ÉTENDUE DE L'INTERVENTION
On retire la totalité du tissu mammaire, y compris le mamelon et l'aréole, le prolongement axillaire ainsi que certains ganglions axillaires.

Les ganglions lymphatiques font l'objet soit d'un prélèvement, soit d'une ablation.

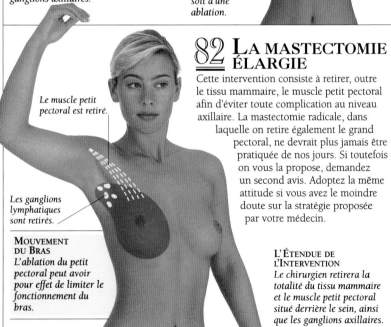

Le muscle petit pectoral est retiré.

Les ganglions lymphatiques sont retirés.

MOUVEMENT DU BRAS
L'ablation du petit pectoral peut avoir pour effet de limiter le fonctionnement du bras.

82 LA MASTECTOMIE ÉLARGIE

Cette intervention consiste à retirer, outre le tissu mammaire, le muscle petit pectoral afin d'éviter toute complication au niveau axillaire. La mastectomie radicale, dans laquelle on retire également le grand pectoral, ne devrait plus jamais être pratiquée de nos jours. Si toutefois on vous la propose, demandez un second avis. Adoptez la même attitude si vous avez le moindre doute sur la stratégie proposée par votre médecin.

L'ÉTENDUE DE L'INTERVENTION
Le chirurgien retirera la totalité du tissu mammaire et le muscle petit pectoral situé derrière le sein, ainsi que les ganglions axillaires.

83 LES GANGLIONS AXILLAIRES

Lorsqu'un ganglion axillaire est touché par le cancer, il n'est plus d'aucune utilité pour le fonctionnement de votre corps, et le cancer ne peut que continuer de s'étendre. C'est la raison pour laquelle les ganglions axillaires atteints doivent être retirés, ou bien traités à forte dose par radiothérapie.

Les avis divergent quant au meilleur traitement, mais la plupart des spécialistes s'accordent à dire que la première étape devrait être l'ablation complète. Outre l'ablation, la chirurgie permet d'effectuer des prélèvements sur les ganglions, ce qui se révèle utile pour déterminer le stade de la maladie. Les ganglions sont classés en niveaux I, II et III, selon leur localisation plus ou moins profonde.

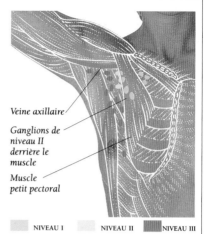

Veine axillaire

Ganglions de niveau II derrière le muscle

Muscle petit pectoral

NIVEAU I   NIVEAU II   NIVEAU III

LES NIVEAUX
Si les ganglions de niveau I ne sont pas touchés par le cancer, il est très peu probable que les ganglions de niveaux II et III le soient.

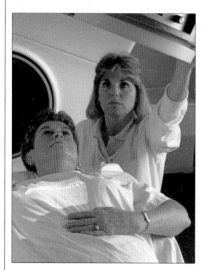

84 LA RADIOTHÉRAPIE

Certains spécialistes préconisent l'utilisation de la radiothérapie pour traiter les affections axillaires. Elle est plus généralement employée comme traitement complémentaire après une intervention chirurgicale. Des doses de rayons X à haute fréquence sont envoyées avec précision sur la région mammaire de la paroi thoracique pour détruire toutes les cellules cancéreuses qui subsistent. Ce traitement est tout à fait sûr. Plus précise qu'autrefois, la radiothérapie ne laisse pas de séquelles disgracieuses, tout juste une trace un peu plus pigmentée sur la peau.

UNE SÉANCE DE RADIOTHÉRAPIE
Le radiologue vous fait lever un bras, met la machine en place, puis quitte la pièce pendant le traitement.

59

85 LA CHIMIOTHÉRAPIE

La chimiothérapie est souvent employée après une chirurgie du cancer du sein. Elle consiste à administrer des médicaments cytotoxiques qui détectent et détruisent les cellules cancéreuses dans l'ensemble du corps. Dans certains cas, la chimiothérapie est employée à titre de traitement préopératoire, voire comme traitement unique.

Le traitement est généralement administré par cycles, à un mois d'intervalle, par injection ou par perfusion. Les effets secondaires peuvent être gênants : altérations de la moelle osseuse, fatigue, nausées, perte de cheveux, aphtes, perte d'appétit et diarrhée. Sachez qu'il existe de nouveaux traitements qui évitent la chute des cheveux et les nausées.

86 L'HORMONO-THÉRAPIE

Les cancers du sein sont parfois sensibles aux hormones. Ainsi, la réduction du taux d'œstrogènes dans le corps peut aider à combattre le cancer.

■ Chez les femmes ménopausées, le Tamoxifen, un anti-œstrogène (*voir p. 51*), est souvent efficace après une opération. Il a peu d'effets secondaires.

■ Chez les femmes non ménopausées, l'ablation des ovaires par la chirurgie ou par radiothérapie arrête la sécrétion d'œstrogènes.

■ L'injection de goséréline inhibe les hormones du cerveau qui commandent la production d'œstrogènes par les ovaires.

87 LA RECONSTRUCTION D'UN SEIN

Si vous avez subi l'ablation partielle ou totale d'un sein, vous pouvez recourir à la chirurgie esthétique. Renseignez-vous, car la reconstruction immédiate n'est pas systématique. Votre sein sera remodelé, y compris le mamelon, en utilisant soit un implant, soit vos propres graisse et muscle (par la technique dite à lambeaux, dont il existe plusieurs variantes). Prenez soin d'étudier toutes les options possibles avec votre chirurgien avant de prendre votre décision.

En général, on met d'abord en place un implant d'expansion. On injecte ensuite progressivement un liquide dans la poche de l'implant jusqu'à ce qu'il y ait suffisamment de place pour insérer l'implant définitif.

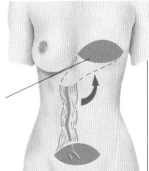

Le lambeau est déplacé vers sa nouvelle destination.

LAMBEAU DU GRAND DROIT ABDOMINAL
Un lambeau est prélevé sur le muscle grand droit abdominal (avec ses vaisseaux sanguins) puis repositionné sur le sein et cousu.

APRÈS L'OPÉRATION

88 S'HABITUER À SON NOUVEAU CORPS

Le personnel soignant est conscient des problèmes d'adaptation que vous allez rencontrer.

La perte d'un sein s'accompagne d'un traumatisme psychologique. On trouve des spécialistes dans la plupart des service hospitaliers publics et privés pour vous fournir les conseils et le soutien dont vous avez besoin. Si vous optez pour une prothèse mammaire, vous devrez vous y habituer avant de vous sentir à l'aise. Vous apprendrez aussi à faire régulièrement certains exercices pour fortifier les muscles de votre bras.

L'ŒDÈME LYMPHATIQUE
Le gonflement du bras est dû à l'ablation des ganglions ou à une radiothérapie poussée. Protégez votre bras et levez-le aussi souvent que possible. Les drainages lymphatiques sont parfois très efficaces.

SOYEZ CONFIANTE
Une fois le traitement terminé, reprenez confiance en vous. Il est temps, par exemple, de retrouver vos loisirs préférés.

89 LA GYMNASTIQUE

Après l'opération, vous vous apercevrez peut-être que vous avez du mal à bouger l'épaule. Voici quelques exercices simples qui vous aideront à retrouver liberté de mouvement et souplesse.

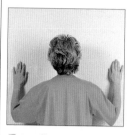

◁ **LES MAINS AU MUR**
Placez-vous debout face à un mur, jambes légèrement écartées. Faites glisser vos mains contre le mur de bas en haut, puis de haut en bas. Ne faites pas porter le poids de votre corps sur vos bras. Cessez l'exercice si vous sentez la moindre gêne.

1 Installez-vous debout face à un mur. Placez vos paumes contre celui-ci, à hauteur des épaules ou du cou.

2 Glissez les mains vers le haut, puis vers le bas. Répétez l'exercice. Essayez de pousser chaque fois un peu plus haut.

Balancez votre bras d'avant en arrière sans forcer, puis de gauche à droite. Ensuite, décrivez de petits cercles.

Gardez les pieds collés au sol.

FAITES DES CERCLES △
Posez un bras et la tête sur une surface plane, et balancez l'autre bras.

Tirez sur la serviette.

LA SERVIETTE ▷
Tendez une serviette en diagonale derrière votre dos. Tirez sur la serviette comme si vous vous séchiez le dos. Recommencez en tenant la serviette de l'autre côté.

90 LES PROTHÈSES MAMMAIRES

Une prothèse amovible est un faux sein qui est maintenu par un soutien-gorge. La prothèse ne comporte pas de mamelon, mais par sa texture, son ampleur et sa forme, elle se rapproche d'un véritable sein. Une fois la cicatrisation terminée, vous aurez une prothèse temporaire légère, remplacée ensuite par une prothèse définitive. Plus lourde, celle-ci ressemblera tout à fait à un sein normal.

LA MISE EN PLACE
Glissez la prothèse dans la poche de votre soutien-gorge prévue à cet effet.

▽ **PROTHÈSE POSTOPÉRATOIRE PARTIELLE**

△ PROTHÈSE OVALE

△ **PROTHÈSE LÉGÈRE**

LES PROTHÈSES DÉFINITIVES
Elles sont remplies de sérum ou d'hydrogel, matériaux doux au toucher, qui simulent bien le poids et l'aspect d'un véritable sein. Vous trouverez sans doute la taille et la forme de prothèse adaptées à vos besoins. Les prothèses en silicone ne sont pas autorisées en France, même si la relation entre cette matière et les maladies auto-immunes n'a pas été prouvée.

PROTHÈSE S'ÉTENDANT SOUS △
L'AISSELLE

◁ **PROTHÈSE POSTOPÉRATOIRE TOTALE**

PROTHÈSES POSTOPÉRATOIRES
Ces prothèses amovibles, que vous devrez insérer dans votre soutien-gorge, peuvent être totales ou partielles.

△ TEINTÉE   △ TRIANGULAIRE   △ MAMELONS

91 LES RISQUES DE RÉCIDIVE

Si vous avez eu un cancer du sein, vous êtes naturellement préoccupée par le suivi post-thérapeutique et le risque de récidive. La plupart des médecins estiment que la patiente doit être suivie pendant plusieurs années afin de détecter d'éventuelles récidives, y compris dans l'autre sein. La surveillance s'effectue tous les trois mois la première année, tous les quatre mois la deuxième année, tous les six mois la troisième, puis tous les ans – avec, à chaque fois, un bilan

clinique, radiologique et biologique.
■ Une période de dix ans ou plus sans récidive ni prolifération indiquerait que vous êtes complètement guérie.
■ Une récidive locale dans la zone traitée peut être soignée par radiothérapie ou à nouveau par la chirurgie.
■ Une récidive cicatricielle, dans la paroi thoracique ou dans l'autre sein, ou bien un nouveau cancer dans une autre partie du corps nécessitent un traitement urgent.

LA CHIRURGIE ESTHÉTIQUE

92 LA MOTIVATION

Les médias ont certainement contribué à accréditer la thèse selon laquelle la poitrine joue un rôle important dans l'apparence d'une femme. Il est aujourd'hui admis qu'une femme puisse recourir à la chirurgie pour modifier la forme de sa poitrine et ainsi paraître plus jeune.

Cependant, votre choix doit avoir des raisons bien fondées ; si vous réagissez simplement aux critiques au sujet de votre silhouette, vous risquez de ne jamais être contente des résultats de l'opération.

RÉFLÉCHISSEZ BIEN
Certaines femmes s'attendent à ce que leur vie change du tout au tout après l'opération. C'est rarement le cas. Réfléchissez donc sérieusement avant de vous lancer dans l'aventure.

POUR RAJEUNIR
Peut-être vous sentez-vous plus jeune que votre corps ne le laisse paraître. C'est là une bonne raison pour recourir à la chirurgie. Vous serez probablement mieux dans votre peau ensuite.

93 LE CHOIX DU CHIRURGIEN

Les interventions se pratiquent depuis près de cent ans, si bien que les chirurgiens bénéficient d'une longue expérience en la matière. Il est indispensable que vous trouviez un spécialiste avec lequel vous ayez de bons rapports.

■ Suivez une recommandation digne de confiance. Demandez l'avis de votre médecin ou d'une amie qui a déjà subi une opération de chirurgie esthétique.

■ Ne vous fiez pas aux annonces des journaux et magazines.

■ Un bon chirurgien vous indiquera la meilleure marche à suivre.

■ Un chirurgien honnête ne vous garantira jamais 100 % de réussite.

SE SENTIR EN CONFIANCE
Vous devez vous sentir totalement en confiance avec le chirurgien dès le départ. Si vous avez des doutes lors de votre première visite, cherchez un autre spécialiste.

94 SE PRÉPARER À L'OPÉRATION

Prenez le temps de peser le pour et le contre avant de prendre une décision. Gardez à l'esprit les éléments suivants :

■ Une opération peut coûter très cher.

■ Vous pouvez être déçue par les résultats de l'intervention.

En outre, des complications peuvent survenir.

■ Vous souffrirez d'une certaine gêne pendant un moment et vous aurez probablement des cicatrices.

■ Toute intervention chirurgicale comporte des risques.

LES CICATRICES
Un bon chirurgien saura masquer les cicatrices dans les plis naturels de la peau. Cependant, elles restent parfois visibles. Demandez à votre chirurgien quelle sera leur importance.

PESEZ LE POUR ET LE CONTRE
Notez les éléments positifs et négatifs, cela vous aidera à prendre votre décision. Ne vous bercez pas d'illusions : vous êtes en train d'envisager une intervention sérieuse qui, dans la plupart des cas, n'est pas absolument indispensable.

95 LES QUESTIONS À POSER

Une opération de chirurgie esthétique est un contrat que vous passez avec votre chirurgien : celui-ci vous doit un service de grande qualité, vous devez avoir bien réfléchi et rester réaliste quant au déroulement et aux résultats de cette intervention. Voici les questions que vous devez poser à votre chirurgien avant toute opération.

■ Y a-t-il des conditions spécifiques à ce type d'opération ?

■ Quels sont les risques liés en général à une intervention chirurgicale, notamment pour une femme d'un certain âge ?
■ Les résultats peuvent-ils être décevants ?
■ Peut-il y avoir des complications ?
■ À quelles douleurs doit-on s'attendre juste après l'opération, et pendant combien de temps ?
■ Les cicatrices seront-elles visibles ou importantes ? Finiront-elles par disparaître complètement ?

96 LES MAMELONS RENTRÉS

Les seins et les mamelons varient beaucoup d'une femme à l'autre. Ainsi, les mamelons rentrés (*voir p. 48*) représentent une variation fréquente de la normale. Il est souvent possible de les faire sortir à l'aide de « coquilles » que la femme doit porter pendant quelques semaines.

Si cela est sans effet, c'est peut-être parce que les mamelons sont retenus par des bandes de tissu fin, en général du fait de la brièveté des canaux (cette anomalie est probablement congénitale). Une opération chirurgicale sous anesthésie locale peut facilement corriger ce défaut et demande seulement quelques heures d'hospitalisation. Elle consiste à sectionner les bandes de tissu fin pour dégager le mamelon.

À LA SUITE DE L'INTERVENTION
Vous serez très vite rétablie, sans pour autant être certaine de pouvoir allaiter. Vous le saurez qu'au moment de la grossesse, lorsque vos seins seront sollicités.

97 LA RÉDUCTION DES SEINS

Les femmes qui ont de très gros seins en souffrent parfois, car ils peuvent être une source de gêne sur les plans physique et social. D'autres désirent avoir des seins fermes et bien placés.

Dans les deux cas, une réduction mammaire peut se révéler très efficace. Votre chirurgien vous conseillera quant à la taille et à la forme à donner à vos seins.

La peau et le tissu sont retirés.

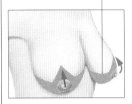

Le mamelon et l'aréole se trouvent sous la peau.

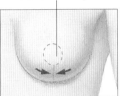

Le mamelon et l'aréole à leur nouvel emplacement.

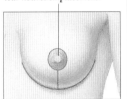

1 △ Le tissu mammaire est retiré. Le mamelon et l'aréole sont transférés sur un pédicule (lambeau vascularisé).

2 △ Les bords de la peau sont cousus ensemble. Le mamelon et l'aréole restent temporairement à l'intérieur.

3 △ Le chirurgien marque le nouvel emplacement du mamelon. Il fait sortir ce dernier et le coud à l'emplacement indiqué.

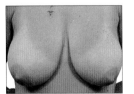

△ AVANT L'OPÉRATION

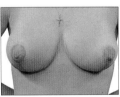

△ APRÈS L'OPÉRATION

ENFIN À L'AISE
Les femmes gênées par leurs gros seins sont attirées par ce type de chirurgie et sont généralement très satisfaites du résultat.

LES CICATRICES
Il faut vous attendre à en avoir autour de l'aréole et sur une verticale qui descend à la base du sein, ainsi que sous le sein.

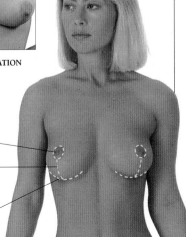

Autour de l'aréole

De l'aréole à la base du sein

Sous le sein

98 L'AUGMENTATION DES SEINS

On augmente le volume des seins à l'aide d'implants. On les insère en avant ou en arrière des muscles de la paroi thoracique, sous le véritable tissu mammaire. L'intervention dure au moins 1 h 30 et nécessite 24 heures d'hospitalisation. Vous retrouverez votre forme habituelle au bout de 3 à 6 semaines.

SILICONE : UN DANGER ?
La France est le seul pays d'Europe à interdire l'utilisation des prothèses en silicone sur la base de certains tests effectués sur des rats qui ont développé des cancers.

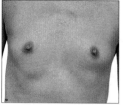

DES SEINS EN RAPPORT AVEC VOTRE SILHOUETTE
Votre chirurgien vous conseillera sur la taille appropriée à donner à vos seins. Faites-lui part de vos désirs, mais tâchez d'être réaliste !

△ AVANT L'OPÉRATION

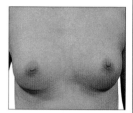

△ APRÈS L'OPÉRATION

99 LES IMPLANTS

Il en existe deux types : les implants à volume fixe (courants en chirurgie esthétique) et les implants d'expansion (souvent utilisés après une mastectomie). Tous deux sont constitués d'une enveloppe remplie de sérum physiologique ou d'hydrogel. Vous choisirez votre prothèse avec le chirurgien, en fonction de votre morphologie.

Dans l'aisselle   En travers de l'aréole   Autour de l'aréole

Sous le sein

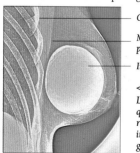

— Côtes

Muscle pectoral

Implant

◁ À LA RADIO
La forme ronde et blanche que l'on peut voir sur cette radiographie est un implant inséré sous le tissu glandulaire du sein.

△ INCISIONS ET CICATRICES
L'incision peut se faire dans l'aisselle, autour ou en travers de l'aréole, ou bien sous le sein. Des cicatrices peuvent subsister à l'un de ces endroits.

100 CORRIGER LES SEINS ASYMÉTRIQUES

Les deux seins d'une femme ne sont jamais identiques. Toutes les femmes présentent des asymétries, plus ou moins importantes. Cependant, certaines femmes ont des seins tellement asymétriques (*voir p. 17*) qu'elles ont du mal à trouver des vêtements. La chirurgie esthétique est pleinement justifiée dans leur cas.

Elles ont alors le choix entre trois options :
■ augmentation du sein le plus petit ;
■ réduction du sein le plus gros ;
■ une combinaison des deux premières possibilités.

Quelle que soit l'intervention, n'oubliez pas qu'il y a peu de chances d'avoir deux seins parfaitement symétriques.

101 LE LIFTING DE LA POITRINE

Cette opération consiste à retirer l'excès de peau et à relever le mamelon. Elle peut être associée à une augmentation mammaire si vos seins sont trop petits, ou à une réduction s'ils sont

trop gros. Sans réduction, le lifting (la mastopexie) n'est pas très efficace pour les gros seins, car la gravité continue à les tirer vers le bas. Tout comme le lifting du visage, cette opération n'a pas un effet définitif.

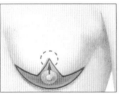

1 △ L'excès de peau et de graisse – dont les limites ont été préalablement marquées – est retiré. Le mamelon est relevé.

2 △ Les bords de la peau sont réunis et cousus par le chirurgien. Ensuite, on retire l'excès de peau sous le sein.

▽ **LES CICATRICES**
Elles seront localisées autour de l'aréole et sous les seins.

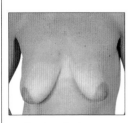

△ AVANT L'OPÉRATION △ APRÈS L'OPÉRATION

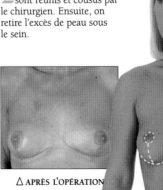

INDEX

CRÉDITS PHOTOGRAPHIQUES

Photographies
CODE : h *haut*, b *bas*, c *centre*, d *droite*, g *gauche*.

L'ensemble des photographies a été réalisé par Ian Boddy, Andy Crawford, Debi Treloar, Jules Selmes, Clive Streeter.

Excepté :

Mr. J.D. Frame, St. Andrew's Centre 69bg, 69bc ; Dr. Rosalind Given-Wilson, Consultant Radiologist, St. George's Hospital NHS Trust 18cg ; Ronald Grant Archive 9hg ; Image Bank 43bg, 50bg, 65hd ; Nancy Durrell McKenna 31bl ; Eleanor Moskovic, The Royal Marsden NHS Trust 18g, 51bg ; National Medical Slide Bank 48bg, 48bd, 67cg, 68hg, 68hd ; Science Photo Library/Chris Bjornberg 54bg /J. Croyle/Custom Medical Stock Photo 54bc /King's College School of Medicine 18cd, 18d, 53hd /Dr. P. Marazzi 35cd, 48bc /Joseph Nettis 59bg /Philippe Plailly 44hd /Breast Screening Unit, King's College Hospital 46bg 47hd, 47bg / M. Marshall/Custom Medical Stock Photo 68bg ; Professor Sir John Sloane, University of Liverpool 52bg, 52bc ; Getty Images/Ben Edwards 44cg ; Bob Torrez 56bg ; Zefa Pictures 11bd, 27bg ; que l'éditeur tient particulièrement à remercier.

Illustrations
Tony Graham, Joe Lawrence, Coral Mula, Emma Whiting, Paul Williams.

Modèles
Merci à Helen Bridge et Susannah ; James Catto, Claire Farman et India Rose ; Barbara Cogswell, Tracey Coleman, Kerry Cresswell, Aideen Jennings, Patricia Meya, Sheena McFarlane, Mitch Munroe, Wendy Nehorai, Sylvia Newton, Carleena Odumesi, Anna Rizzo, Wendy Rogers, Caroline Sandry, Sharleen Woodsford.